继续
教育

继续（网络）教育系列规划教材
荣获全国高校现代远程教育协作组评比“网络教育教材建设金奖”

公共政策分析

GONGGONG ZHENGCE FENXI

主　编　成　立
副主编　刘巧莉

西南财经大学出版社
Southwestern University of Finance & Economics Press
中国・成都

图书在版编目(CIP)数据

公共政策分析/成立主编.—成都:西南财经大学出版社,2017.8
ISBN 978-7-5504-3126-3

Ⅰ.①公… Ⅱ.①成… Ⅲ.①政策分析 Ⅳ.①D0

中国版本图书馆 CIP 数据核字(2017)第 166852 号

公共政策分析
主　编　成立
副主编　刘巧莉

责任编辑:高小田
责任校对:王青杰
封面设计:穆志坚　张姗姗
责任印制:封俊川

出版发行	西南财经大学出版社(四川省成都市光华村街 55 号)
网　　址	http://www.bookcj.com
电子邮件	bookcj@foxmail.com
邮政编码	610074
电　　话	028-87353785　87352368
照　　排	四川胜翔数码印务设计有限公司
印　　刷	郫县犀浦印刷厂
成品尺寸	185mm×260mm
印　　张	6.75
字　　数	140 千字
版　　次	2017 年 8 月第 1 版
印　　次	2017 年 8 月第 1 次印刷
印　　数	1—2000 册
书　　号	ISBN 978-7-5504-3126-3
定　　价	19.80 元

总 序

随着全民终身学习型社会的逐渐建立和完善，业余继续（网络）学历教育学生对教材的质量要求越来越高。为了进一步提高继续（网络）教育的人才培养质量，帮助学生更好地学习，依据西南财经大学继续（网络）教育人才培养目标、成人学习的特点及规律，西南财经大学继续（网络）教育学院和西南财经大学出版社共同规划，依托学校各专业学院的骨干教师资源，致力于开发适合继续（网络）学历教育学生的高质量优秀系列规划教材。

西南财经大学继续（网络）教育学院和西南财经大学出版社按照继续（网络）教育人才培养方案，编写了专科及专升本公共基础课、专业基础课、专业主干课和部分选修课教材，以完善继续（网络）教育教材体系。

本系列教材的读者主要是在职人员，他们具有一定的社会实践经验和理论知识，个性化学习诉求突出，学习针对性强，学习目的明确。因此，本系列教材的编写突出了基础性、职业性、实践性及综合性。教材体系和内容结构具有新颖、实用、简明、易懂等特点，对重点、难点问题的阐述深入浅出、形象直观，对定理和概念的论述简明扼要。

为了编好本套系列规划教材，在学校领导、出版社和各学院的大力支持下，成立了由学校副校长、博士生导师杨丹教授任主任，博士生导师冯建教授以及继续（网络）教育学院陈顺刚院长和唐旭辉研究员任副主任，其他部分学院领导参加的编审委员会。在编审委员会的协调、组织下，经过广泛深入的调查研究，制定了我校继续（网络）教育教材建设规划，明确了建设目标。

在编审委员会的协调下，组织各学院具有丰富继续（网络）教育教学经验并有教授或副教授职称的教师担任主编，由各书主编组织成立教材编写团队，确定教材编写大纲、实施计划及人员分工等，经编审委员会审核每门教材的编写大纲后再进行编写。自2009年启动以来，经几年的打造，现已出版了七十余种教材。该系列教材出版后，社会反响较好，获得了教育部网络教育教材建设评比金奖。

下一步根据教学需要，我们还将做两件事：一是结合转变教学与学习范式，按照理念先进、特色鲜明、立体化建设、模块新颖的要求，引进先进的教材编写模块来修订、完善已出版的教材；二是补充部分新教材。

希望经多方努力，力争将此系列教材打造成适应教学范式转变的高水平教材。在此，我们对各学院领导的大力支持、各位作者的辛勤劳动以及西南财经大学出版社的鼎力相助表示衷心的感谢！在今后教材的使用过程中，我们将听取各方面的意见，不断修订、完善教材，使之发挥更大的作用。

西南财经大学继续（网络）教育学院

2014 年 12 月

前 言

公共政策学是20世纪50年代在西方工业国家兴起的一门新兴学科。在六十多年的学科发展历程中，由于运用范围广泛，对优化公共管理具有重要作用，加之受政治学、管理学、经济学、社会学、伦理学等相关学科的综合影响，公共政策学的发展取得了丰硕的研究成果，公共政策已经成为政府实施公共管理的主要工具之一。自20世纪80年代我国恢复建立公共行政学科以来，公共政策的研究得到了学术界的高度重视。在众多专家、学者的辛勤努力下，其研究成果斐然。进入21世纪之后，随着我国经济社会的高速发展、依法治国的大力推进、民主政治的稳步发展，以及社会管理水平的不断提高，迫切需要政府提高自身制定与执行公共政策的能力，从而对公共政策的研究与教学又提出了更高的要求。

为适应网络教育发展新形势的要求，推动网络教育事业的可持续发展，立足“西部财经从业人员终身学习基地”这一目标，我院在对《2009级成人学历教育人才培养方案》优化及总结前三批教学资源建设经验的基础上，决定启动第四批网络教育教学资源建设工作，其中公共政策学是其中的一个重要项目。故此编写了《公共政策分析》一书。

本书总共由五个章节构成。首先在第一章，笔者从公共政策的本质、基本特征以及构成要素等方面深入探讨了公共政策的基本理论，同时也对公共政策分析这一术语做了阐释，为本书后面章节的构成做了铺垫。笔者将公共政策分析作为一个过程去解构，分别是公共政策的制定、执行、评估和终结。也是按照这个流程，展开了后面四个章节。在后面的四个章节中，先后是公共政策的制度分析、公共政策的执行分析、公共政策的评估分析以及最后的公共政策终结分析。以此构成了本书的整个完整框架。

在本书的编撰过程中，笔者参阅了大量的中外文献，采用了许多中外学者的研究成果，在文中不能一一注出，在此一并致谢！同时，由于时间和能力的限制，书中难免会存在不足与错误之处，欢迎广大学界同仁和读者批评指正！

2017年3月

目 录

1 公共政策基本理论

1.1 公共政策的本质

1.1.1 公共政策的概念

我们说，任何一门学科都有其特定的研究对象，而公共政策学的研究对象就是公共政策。因此，不论是对公共政策进行理论探索还是进行实践层面的研究，我们面临的首要任务就是，思考并且弄明白公共政策的内涵。

1.1.1.1 政策

在中国古代汉语中，并没有“政策”这个词语，“政策”一词，是由汉字中的两个字“政”和“策”组合而成。前者指政权、政事，如人们常说的“不在其位，不谋其政”；后者指计策、策划，如《战国策》中的“策”，是说战国时代各国发生政治事件时所采取的各种对策。

在现代汉语中，政策可以宽泛地指各类社团和组织为完成特定目标而采取的行动。关于“政策”的定义有很多，其中最具代表性的是《辞海》对“政策”的定义：“国家、政党为实现一定历史时期的路线和任务而规定的行动准则。”本书论述的“公共政策”就建立在这个定义之上。

1.1.1.2 中外学者对公共政策的界定

虽然公共政策的重要性已经为多数国家和地区认同，但众多中外学者对其含义的认识和解释却有很大差别。因此，我们认为，有必要对这个基础理论问题进行认真研讨。

而在众多的看法中，我们选出了以下几种比较有代表性的界定：

公共行政学的鼻祖伍德罗·威尔逊认为，公共政策是由政治家，即具有立法权者制定的，而由行政人员执行的法律和法规。这个定义的合理之处在于，在现实生活中法律和法规是公共政策最主要的表现形式。不过它是建立在虚幻的政治与政治二分法基础之上的，是非科学的，而且其范围过于狭窄，无法涵盖下列政策形式：政府首脑的指示报告、重要会议的决议、政府有关经济社会发展的规划等。

政策科学的创立者拉斯韦尔在其与卡普兰合著的《权力与社会》一书中指出，公共政策是“一种含有目标、价值与策略的大型计划”。这个定义突出了政策的目标指向及其与一般计划的区别，带有较浓厚的管理学意味。不过它过于笼统，因为政策不只限于计划，而且计划与实际行动也不可能相等同。

精英主义政治学家托马斯·戴伊把公共政策界定为是“一个政府选择要做的任何事，或者它选择不去做的任何事”。这样一来，公共政策就不仅包含了积极的行动，还包含了消极的不作为。于是，这个定义就有一定可取之处，因为它提醒我们注意到政府的作为与不作为一样，都是在细致分析问题及比较可选方案后做出的决定，都对现实生活发挥着重大影响。不过，这个定义没有在政府的重要行动和一些无关紧要的行动之间做区分，事实上像政府的后勤管理、行政处罚等具体行为都不应当被当作政策。

我国学者张金马认为，公共政策是党和政府用以规范、引导有关机构团体和个人行动的准则或指南。其表现形式有法律规章、行政命令等。这个定义比较全面地指出了公共政策的表现形式，但没有把公共政策的本质反映出来。

我国学者陈振明认为：“政策是国家机关、政党以及其他政治团体在特定时期内，为实现和服务于一定的社会政治、经济、文化目标而采取的政治行为或规定的行为准则，它是一系列谋略、法令、措施、办法、方针、条例的总称。”这个定义外延了政策主体，也强调了政策是行动准则。但它认为政策既是一种政治行为，又是一种行动准则。

1.1.1.3　正确把握公共政策的内涵

综合上述国内外学者的各种观点，我们可以从以下几个方面来把握公共政策的内涵。

第一是公共政策的主体。公共政策的主体是多元的，具体包括政府的三个分支即立法机关、行政机关、司法机关，以及执政党，它们做出的决定与企业、家庭、个人做出的决定在涉及内容及影响范围等方面都有本质区别。

第二是公共政策的目标。任何公共政策的出台都旨在解决某个社会问题或推动某项事业，因此它具有明确的任务和意图。其所关注的是全社会和整个国家面临的共同问题，其目标指向具有宏观性和全局性，结果则是社会价值的一种权威性分配。当然，公共政策最终实现的是统治阶级的利益。

第三是公共政策的过程。公共政策是主体服务于特定目标而采取的一系列活动，是一个持续进行中的过程，因此它是静态与动态的结合，具体表现为政策方案的规划、采纳、执行、评估、调整和终结等环节。

第四是公共政策的形态。在实践中公共政策通常表现为国家法律、法规、行政规章、经济社会发展规划、司法解释、党的路线方针、会议决议和文件等行为准则，它们规定和指导着社会公众及各类组织应当做什么和不应当做什么，并制定了具体的奖惩措施。借助政策制定主体的权威性及国家机器的强制力，这些行为准则具有广泛的约束力，并为政策对象所遵守，从而确保了正常社会秩序的维持。

综合上面的讨论与分析，针对我国具体的情况，我们认为：公共政策是执政党和政府采取的用以规范、引导社会各类组织和公众的行为准则和行动指南。

1.1.2 公共政策的本质

1.1.2.1 “利益”是公共政策的核心因素

我们认为，当今世界是一个利益分化的政治时代。无论在理论研究中，还是在社会实践中，我们都能深深体会到自己身处利益重组和利益分化的进程之中。马克思主义的辩证唯物主义和历史唯物主义，亦对利益问题展开了深入分析，科学深刻地揭示了利益的本质内涵。所谓利益，是指处于不同生产关系、不同社会地位的人们由于对物的需要而形成的一种利害关系。

人的利益，首先起源于人的需要。需要是利益的主观基础，利益是需要的社会形态。人类的生产是实现利益的基本方式。人类要生存和发展，首先要满足对衣食住行的需要。利益是人们企图借助于生产来满足的需要，要实现对需要的满足，人类必须从事生产。随着人类生产和生活的不断发展，人们变得不仅需要物质对象，还需要精神对象，这就使得人们不仅要从事物质生产，还要从事精神生产。于是，在社会生产中，利益的实现基本有两种途径。由此可见，“利益”是公共政策的核心要素，公共政策是利益选择、利益整合、利益分配和利益落实的主要工具。

1.1.2.2 公共政策对社会利益进行权威性分配

公共政策的本质是社会利益的集中反映。政策的形成过程，实际上是各种利益群体把自己的利益要求输入政策制定系统中，由政策主体依据自身利益的需求，对复杂利益关系进行调整的过程，公共政策的制定与执行是社会各种利益冲突的集中反映。

政府常常利用公共政策，去保护、满足一部分人的利益需求，同时抑制、削弱甚至打击另一部分人的需求。通过政策作用去调整利益关系，在原有利益格局上形成新的利益结构。正是从这个意义上讲，公共政策的本质应该是政府对社会利益的权威性分配。

1.1.2.3 公共政策需增进社会利益

分配利益是一个动态过程，在增进社会利益的前提下，分配的基础是选择利益和整合利益；分配的关键是利益落实。在社会利益中，由利益选择到利益整合，由利益分配到利益落实，是一个完整的过程。公共政策的过程取向，应当与这种利益取向完全一致。

（1）利益选择。政府对利益的分配，不是没有目的、任意的。作为公共权力的占有者，政府把利益分配给谁，首先要满足其统治的需要。在阶级社会里，无论何种政府，它们所制定的公共政策，都必须满足统治阶级的利益要求。因此，政府要选择那些与政府价值取向一致的社会群体作为分配对象，满足他们的利益需要。根据马克思的观点，在无产阶级掌握政权的国家，公共政策的制定和执行，要维护无产阶级和广大人民群众的利益。

（2）利益整合。政府在向社会各成员分配利益时，除了要考虑社会整体利益和政府利益，还要考虑社会各成员之间的利益相关性。现实生活中，利益主体的利益是多元化的。为解决由错综复杂的利益关系所产生的矛盾，政策制定者要制定不同的政策，引导不同利益的组织和个人采取不同的行为，既反映社会大多数人的利益需求，又兼顾保护少数人的合法利益，进而调动人的积极因素，排除那些消极因素，把各种利益矛盾控制在较小范围内，保证社会稳定和发展。

（3）利益分配。一方面，对不同的政策对象来说，公共政策所分配的利益，对一些人是直接的，对另一些人是间接的。比如，获得减免税的企业，是利益的直接获得者，而与该企业产供销相关的其他企业则是这一政策的间接获益者。另一方面，利益分配的结果既能使部分人获益，又能使部分人失去利益。比如，物价政策，有时会削弱生产者的利益，有时会抑制消费者的利益。

（4）利益落实。政策分配利益，满足部分人的利益需求固然重要，但更重要的是这些利益群体能否实实在在地获得应有的利益。这不仅是相关利益群体关心的事，更是政府应该关心的事。政府的政策主体地位，要求他们主动地把政策内容贯彻到实践中去，产生应有的政策效果，即从本质上讲，使分配的利益到位。

1.1.2.4 公共政策的本质

公共政策的本质是要解决利益的增进与分配问题，既包括物质利益，也包括精神利益。理解公共政策的本质，要突出以下内容：一是公共政策要实实在在地增进社会利益；二是公共政策要对全社会的利益进行分配；三是这种利益分配是基于多种利益关系的有选择的利益分配；四是这种利益分配是通过整合各种利益矛盾后所进行的利益分配；五是这种利益分配是要在实践中得到兑现的利益分配；六是公共政策要在增进社会利益中突出效率，在分配社会利益中突出公平。

1.2 公共政策基本特征与主要功能

1.2.1 公共政策基本特征

作为对社会利益进行分配的政策，要调整社会成员之间的利益关系，实现政府的目标。在不同的社会形态里，公共政策的表现形式各异。在阶级社会里，它具有如下明显的共同特征：

1.2.1.1 政治性和阶级性

公共政策是为实现政党、政府的政治目的，由政治性组织制定的行动方案和行为准则。因此，公共政策具有鲜明的政治性。

公共政策是公共权力机构为解决某一社会问题而制定的行为规范，是政党、政府政治行为的产物。政府是统治阶级行使国家权力的核心工具。公共政策要符合统治阶级维护和巩固现行政治统治的需要，要体现统治阶级的意志，反映统治阶级的根本利益和共同愿望。明显的政治倾向和阶级性，强烈地表现于每一项政策之中。因此，公共政策具有鲜明的阶级性。

1.2.1.2 目标取向

公共政策是一种对一定政策目标如何实现所做的设计方案，而目标的设定，具有鲜明的价值取向、资源配置取向和利益分配取向。换言之，政策主体的意识形态、价值观及其行为的目的性、行为的能力，都会通过政策目标的设定而得以体现。目标取向是公共政策的灵魂。

1.2.1.3 整体性与层次性

一方面，公共政策具有整体性。人们常讲，政策要配套，是指由众多数量、类型不一的政策组成政策体系，强化政策的整体功能。整体性不仅表现在政策的内容与形式上，而且还表现在政策过程中。一个理想的政策过程，基本包括了政策的制定、执行、评价和调整等多个环节，不同的环节之间相互联系，共同对政策的质量发生作用。政策体系的整体功能，还与政策环境密切相关。环境的变化，必然会引起政策过程诸环节的变化，同时也将导致政策及政策体系的变化。为保证政策机制的运行，需要注意政策内容、政策过程与环境之间的整体作用。

另一方面，公共政策具有层次性。政策作为政府行为的产出项，根据不同层次的政策主体，具有不同规格。按照权力主体划分，包括中央政策和地方政策。从内容上看，政策体系中的各项政策，也有不同的层次关系，可划分为总政策、基本政策、具体政策等。尽管不同政策间是相互联系的，但不同类型的政策之间并非是“平起平坐”的关系，而有主次之分。

1.2.1.4 超前性

尽管公共政策是针对现实问题提出的，但它们是对未来发展的一种安排与指南，必须具有预见性。任何政策都有明确的政策目标，先进的政策目标决定了政策应该是超前的。政策的超前性，不仅是保证政策稳定的必要条件，而且是合理分配社会利益的重要保证。但所谓的超前性，不是脱离实际的空想，而是建立在科学预测与对客观事实发展规律充分认识基础上的必然结果。

1.2.1.5 多样性

公共政策的多样性，源于政策的“公共”特征。随着社会生产力的不断发展，社会事务日益增多，政府职能的发展趋势日益丰富、复杂和扩大。那些在过去不太需要政府管理的问题，均被列入现代政府的管理范围之内。在我国，由于受政治、经济、历史和文化等各种因素的影响，政府管理范围相当广泛，因而政策内容变得极其复杂与多样。

1.2.1.6 合法性

政府行为是一种特殊的“法人行为”，体现政府行为的政策，本身就具有一定的法律性质。政策与法律之间存在着特殊关系，它们都共同体现并代表了统治阶级的利益。但政策是法律的重要依据，法律是实行政策的最有效形式。法律比政策更条例化、固定化，而政策比法律具有一定的灵活性，所以政策是法律的前身。对一个逐步走向法制化的国家来说，政策的合法性极其重要的政治要求。它首先表现为内容不能与宪法、法律相抵触；其次表现为程序上要严格合法。这充分体现了对法律的尊重，有利于民主政治的培育与发展。在一定条件下，政策与法律可以相互转化。

1.2.2 公共政策类型划分

对公共政策进行分类的目的在于帮助人们对其功能和意义的深入了解，因此，争论哪一种分类方法更合理并没有实际意义。我们在本书主要将公共政策从以下几个方面进行了分类。按采取行动的时间和归属分为实质性政策与程序性政策；按功能作用分为分配性政策与再分配性政策；按政策触及利益分配的类型分为物质性政策与象征性政策；按受益人分为涉公政策与涉私政策。

1.2.2.1 实质性政策与程序性政策

实质性政策与政府将要采取的行动有关，比如修建高速公路、实施福利计划等。实质性政策会直接给人们带来利益或产生不便，并分配相关利益和支付必要成本。程序性政策涉及由谁采取行动或怎样采取行动。因此，程序性有时并无实质性内容，仅仅是某些行政行为的一种规范。但它有可能产生实质性后果，因为它十分关心怎样采取行动或由谁采取行动才有利于政策的兑现。

1.2.2.2 分配性政策与再分配性政策

分配性政策是当政策涉及相关群体的利益时，受益人是特定的群体，即该项公共政策只向一个或数个受益群体提供利益，而该利益的获得并不使其他特定群体的利益受损。例如公共教育政策，农业价格补贴政策，政府对个别工程的支持等。再分配性政策涉及政府在社会各阶层团体中对财富、收入、财产或权利的转移性分配。这种政策涉及的不是财产的使用而是财产本身，不是平等的对待而是平等的拥有，不是行为而是人本身。因此，它涉及不同价值观和意识形态。

1.2.2.3 物质性政策与象征性政策

物质性政策是将有形的资源和实质性的权利给予受益人，或将真正的不利条件强加给那些受相反影响的人，比如确立最低工资标准、给农民提供收入补贴等。相比之下，象征性政策对人们几乎没有真正的物质性影响。它们并不交付表面上似乎要交付的东西，也不分配有形的利益。更准确地说，这些政策多涉及人们所珍视的一些价值观，比如和平理念、爱国主义、自由公平等。

1.2.2.4 涉公政策与涉私政策

涉公政策最重要的性质是非排他性，即没有任何方法可以在向某些人提供此项服务的同时将其他人排除在外，也没有其他方法可以计算哪些人比其他人从此项服务中得到了更多的收益。典型的例子比如国防、公共安全、环境保护、交通控制等。涉私政策是可拆分的，通过市场进行买卖，让使用者和受益者付费可在单个的受益人上发生作用，如此一来，其他人就轻易地被排除在外。比如垃圾处理、邮政服务、医疗卫生、博物馆、国家公园等。

1.2.3 公共政策主要功能

所谓公共政策的功能，就是公共政策在管理社会公共事务过程中所发挥的作用。

根据我们的理解，公共政策的基本功能有四个：管制功能、导向功能、调控功能与分配功能。

1.2.3.1 管制功能

为避免影响社会良性运行的不利因素出现，公共政策就要发挥对目标群体的约束和管制功能。这种功能通过政策的条文规定表现出来，通常有两种途径：①积极性管制。政策条文的规定突出正激励原则，即对某种行为加以物质或精神方面的奖励，以刺激这种行为重复出现的频率，从而达到减少其反向行为的目的。②消极性管制。政策条文的规定突出负奖励原则，即对某种行为加以物质或精神方面的惩戒，以抑制这种行为重复出现的可能，从而达到有效管制的目的。

1.2.3.2 导向功能

公共政策是针对社会利益关系中的矛盾所引发的社会问题而提出的。为解决某个政策问题，政府依据特定的目标，通过政策对人们的行为和事物的发展加以引导，使得政策具有导向性。具体地讲，政策为社会的发展、人们的行为确定方向，能有效地使整个社会生活由复杂、多变、相互冲突、漫无目的的行为纳入统一而明确的目标上来，使之按照既定方向有序前进。政策的导向，是行为的导向，也是观念的导向。可以直接引导，也可以间接引导。从作用结果来看，公共政策的导向功能包括正向引导功能和负向引导功能。

1.2.3.3 调控功能

公共政策的调控功能是指政府运用政策手段对社会生活中出现的利益冲突进行调节和控制，主要体现在调控社会各种利益关系特别是物质利益关系方面。在社会生活中人们有着不同的利益需求，而且表现出阶段性特征，利益的差别使冲突不可避免。为了平衡这种矛盾，保持社会的稳定和经济的发展，作为政府重要管理手段的公共政策需要承担起调控社会利益关系的重任。同时，公共政策不仅需要指明人们应该做什么和不应该做什么，而且还需要指明人们应该先做什么和后做什么，并以此调控社会群体和个人的行为趋向，因此，公共政策的调控功能还常常表现出其特有的倾斜性。

1.2.3.4 分配功能

对社会公共利益进行分配是公共政策的本质特征。每一项具体政策都会涉及“把利益分配给谁”这样一个问题，换句话讲，就是都要面临一个“政策使谁受益”的问题。人的利益需要是不同的，而社会资源却是有限的，因此，政策对利益的分配不可能同时满足所有人的需要，往往是一部分人从中获得了较多利益，另一部分人却不能从中获取利益或损失了原有的利益。政策的这种利益分配功能对社会的良性运行和稳定发展有着非常直接的影响。近年来，虽然我们一直强调公平分配的原则，但社会的利益矛盾仍突出表现在分配不公的问题上，而物质利益的分配不公，更是公众瞩目的焦点。那些不合理的分配政策如果得不到及时纠正，就可能激化社会的利益冲突，进而使物质利益上的矛盾转化为政治利益上的矛盾。因此，公平分配的问题既是重要的理论问题，又是紧迫的现实问题。

1.3 公共政策系统构成要素

从系统分析的方法来看，公共政策的运行是以公共政策系统为基础的。公共政策系统是政策研究的重要内容，是研究公共政策过程的前提。根据中国学者的观点，公共政策系统由政策主体、政策客体和政策环境三要素组成。因此，接下来，我们将逐一对政策主体、政策客体、政策环境进行分析，更好地揭示公共政策系统的内涵。

1.3.1 公共政策主体

政策主体又称政策活动者，它是指在政策的制定、执行、评估和监控过程中，直接或间接参与其中的个人、团体和组织。可以用以下两条标准来界定政策主体：一是看其是否是政策的利益相关者，二是看其是否真正直接参与到政策的制定、执行、评估、监控直到终结的一系列过程中来。由于各国在政治体制、经济发展和文化传统等方面的差异，公共政策主体的构成要素及其作用方式也有所不同。接下来，我们将结合我国实际情况，从官方决策者和非官方参与者两个方面对公共政策主体进行讨论。

1.3.1.1 官方决策者

一般而言，官方决策者指广义的政府，即立法机关、行政机关和司法机关。在现代政治体制中，这三大系统分别掌握着立法、行政和司法三种权力，各司其职，依据宪法赋予的权力制定各类公共政策，同时相互制约，保持三种权力之间的平衡。但在我国，执政党在公共政策制定中有着极为重要的地位，所以，在我国，官方决策者包括立法机关、行政机关、司法机关和执政党。

（1）立法机关。立法机关是公共政策主体最重要的构成要素之一，其主要职责是立法，即制定法律和政策。立法机关在西方主要指国会、议会、代表大会一类的国家权力机构，在我国则是指全国及地方各级人民代表大会及其常务委员会。由于政治体制的不同，各国的立法机关在公共政策过程中所扮演的角色、所起的作用不尽相同。根据我国宪法的相关规定，中华人民共和国的一切权力属于人民，全国人民代表大会是最高国家权力机关，具有最高立法权、最高任免权、最高决策权、最高监督权。我国的立法权是统一的，不可分割的，并且只属于全国人大及其常务委员会。我国虽然存在国务院、省级人大、民族自治地方人大和较大的市的人大的立法活动，但它们都没有独立的立法权，其立法工作都只是全国人大立法权的一部分。决定权的表现形式就是决议、决定、命令、条例等的制定与颁行，可以用来解决国家和地区内重大政策性问题和亟须解决的社会问题。

（2）行政机关。行政机关是贯彻执行国家的法律和政策，管理国家的内政、外交等行政事务的机关，它掌握国家行政权力，运用公共政策对社会公共事务进行管理，是立法机构所确立的国家意志的执行者。在西方国家，随着行政权力的不断扩张，行政机关在政策制定过程中的地位和作用越来越突出，出现了所谓的“行政国家”。我国国家行政机关是指国务院及其组成部分和地方各级人民政府，它们是国家权力机关的执行机关，行使国家行政权。国务院作为最高行政机关，统一领导全国地方各级国家行政机关的工作，规定中央和省、自治区、直辖市的国家行政机关的职权的具体划分，以及其他能够影响全国所有地方政府和居民的政策和措施。

（3）司法机关。司法机关作为政府的重要组成部分，也是重要的政策主体之一。当然，在不同政治体制的国家，司法机关对公共政策的决策力也有所不同。在西方，以美国为例，法院可以运用司法审查权和法令解释权对公共政策的性质和内容产生重大影响。在我国，按照宪法规定，人民法院是司法审判机关，独立行使审判权，人民检察院是司法监督机关，独立行使检察权。行政机关、社会团体和个人无权干涉。但我国的国家司法权为全国人民代表大会赋予，因此司法机关不独立于立法机关，只独立于行政机关。从我国目前的实际情况来看，司法机关的作用更多地表现在政策执行与监督上面，并没有真正成为政策制定的主体。

（4）中国共产党。由于各国国情不同，政党对公共政策的影响也不同。我国现行的政治体制是中国共产党领导的议行合一体制。从制度规范层面来看，全国人民代表大会是最高权力机关，行使国家立法权；从政府运行过程来看，中国共产党是我国政府系统的领导核心，掌握着政府运行过程，主导着公共政策的制定。这种主导作用首先体现在党对国家的政治领导上，包括党对政治原则、政治方向和重大政策的领导；然后体现在党的组织领导上，党主导着各级政府机关的人事任免，推举共产党员执掌国家各级机关的重要权力；同时，党还确立自己的指导思想在国家意识形态中的主导地位，通过宣传、教育和思想政治工作，宣传党的路线、方针、政策，实现思想上的领导。

1.3.1.2 非官方参与者

非官方参与者对政策制定过程的影响较为间接，不直接行使公共权力。它们作为体制外的力量，通过游说官方决策者，施加压力，从而影响公共政策过程。主要包括：利益集团、大众传媒、思想库和公民个人。

（1）利益集团。利益集团是指因兴趣或利益相同而联系在一起的人的组合。从公共政策分析来看，利益集团具有两大特征：一是有共同的利益和主张，二是影响公共政策的制定。

（2）大众传媒。大众传播媒介主要包括报纸、书籍、杂志、电影、电视、广播和网络等传播工具。在现代社会，大众传媒是社会公众获取信息的主要来源，它对公共政策过程的作用主要体现在：一是传播公共政策信息，实现政府与社会公众的双向沟通；二是引导社会舆论，影响公共政策议程的设置。

（3）思想库。思想库是由专业人员组成的跨学科、跨领域的综合性政策研究与政策咨询组织，它的出现有利于改善政策系统和环境、促进决策质量的提高。它以咨询者的身份提供政策建议，对政策结果进行评估与总结，甚至直接为决策者推荐人才，传送专家。

（4）公民个人。公民是最为广泛的非官方政策主体。公民个人通过各种政治参与，影响和制约公共政策的制定与运行。

1.3.2 公共政策客体

公共政策客体是公共政策发生作用时所指向的对象，包括公共政策所要解决的社会问题和所要发生作用的社会成员（目标群体）两个方面，其中社会问题是直接客体，目标群体是间接客体。公共政策客体是相对于政策主体而言的，它们构成了政策过程中的一对矛盾，对它们的划分也只是相对意义上的。对于许多处于中间层次的人、团体和组织而言，它们（他们）往往充当了政策主体与政策客体的双重角色。

1.3.2.1 公共政策的直接客体：社会问题

社会问题是指社会的实际状态与社会期望之间的差距。这些差距或偏差往往会导致社会的紧张状态。制定公共政策的目标，就是要克服、解决或消除这样的差距。这里的“社会”是指广义的概念，即社会是政治、经济、文化等领域的统一体。

在这里，我们首先要区别社会问题、公共问题和公共政策问题。社会问题是外延最广的概念，与私人问题相对。仅涉及某个人的期望与实际状态之间的差距问题无疑是私人问题，当许多人的期望与实际状态出现差距，问题就超出了私人的界限，从而演变为社会问题。而当问题超出了当事人范围，影响波及非直接相关的群体，受到社会公众普遍关注时，问题就转换为公共问题。但在现代社会，政府所面临的公共问题非常多，并不是所有的公共问题都能够进入政府的议事日程，只有那些被政府摆上议事日程并加以处理的公共问题才是公共政策问题。

公共政策的制定便是沿着社会问题—公共问题—公共政策问题这条路线发展演化的。制定公共政策是为了解决社会问题，但在政府决策者看来，并非所有社会问题都是要政府解决的。有些问题可以通过民间渠道解决；有些问题过于复杂，政府暂时无力加以解决；有些问题已成为历史，无解决的必要等。

1.3.2.2 公共政策的间接客体：目标群体

目标群体，是指那些受公共政策规范、管制、调节和制约的社会成员。

目标群体与公共政策主体之间相互作用、在一定条件下可以相互转化。一方面，公共政策主体对公共政策问题的界定和解决问题的目标直接决定了目标群体的范围和性质，但目标群体并不是消极被动的，他们具有能动性，对公共政策主体起着反作用。另一方面，目标群体与公共政策主体在地位上具有相对性，主体在某些情况下可以作为客体，而客体也可以作为主体而存在。比如，公民作为国家主权的拥有者，当他通过各种途径参与到公共政策制定时，扮演着非官方参与者角色，而公民作为社会成员显然又是公共政策的客体。

在公共政策制定与执行中，目标群体的态度对于公共政策能否达到其预期目标有着重要影响。一般来讲，目标群体对于某项公共政策的态度有两种：一是接受，二是不接受。而影响目标群体态度的因素有很多，接受的原因主要有政治社会化、政策合法化、成本利益衡量、顾全大局观念、基于私利等；不接受的原因主要有价值观念冲突、同辈团体的社会化、传媒影响、追求眼前利益、政策本身不妥等。

1.3.3 公共政策环境

公共政策是环境的产物，受到自然与社会各种因素的影响。离开了公共政策得以生存的外部环境，就不可能对其进行研究和分析。据此，我们将对公共政策环境展开讨论。

1.3.3.1 公共政策环境的内涵与特征

公共政策环境是指影响公共政策产生、存在和发展的一切因素的总和，包括在公共政策系统以外的、影响和作用于公共政策过程的所有因素。

公共政策环境有三个主要特征。一是高度复杂性。公共政策环境既有自然的，又有社会的；既有物质的、有形的，又有精神的、无形的；既有国内的，又有国际的。二是巨大差异性。上述复杂的环境因素本身就表明了其差异性的存在。三是历史变异性。从社会历史发展的角度看，公共政策环境总是处于不断变化之中。

1.3.3.2 公共政策环境的构成因素

关于公共政策环境的构成问题，不同人有不同的观点。我们认为，主要有经济环境、政治环境、社会文化环境、国际环境。

（1）经济环境。经济环境是对公共政策系统有重要影响的各种经济因素的总和。它包括生产力的性质、结构，生产资料所有制的形式、经济结构、经济制度、经济体制、经济总量等。不论何种性质的公共政策主体，其决策体制、决策目标、决策行为、决策原则、决策方法等都要受到经济环境的制约。经济环境是制定和执行公共政策的基本出发点；经济环境提供了公共政策系统运行所必需的资源；经济环境影响公共政策系统的经济目标取向。

（2）政治环境。政治环境是指对公共政策系统具有重要影响的政治状态，包括一个国家或地区的政治体制、政治结构、政治文化、政治关系等。政治环境决定着公共政策系统的性质；政治环境决定着公共政策系统的民主化程度；政治环境决定着公共政策的合法化程度。

（3）社会文化环境。社会文化环境是对公共政策系统具有重要影响的社会状况和文化状况，包括人口规模、性别与年龄比例、地区和民族分布、社会道德风尚、国民受教育程度、科技人才储备、专利数量等。社会文化环境影响公共政策系统运行所需的智力条件和公共政策系统运行的伦理和心理条件。

（4）国际环境。国际环境既包括全球范围内政治、经济、文化演变发展的一般趋势、全球秩序及相应的规则，也包括了对一个国家或地区的生存与发展产生影响的，由国家间、国际组织间的竞争、合作与冲突而形成的具有一定稳定性的政治、经济、文化关系。国际环境影响公共政策系统的价值选择，影响公共政策系统的参照系选择，影响公共政策系统的性质。

1.4 公共政策分析概述

1.4.1 公共政策分析的内涵

在得出我们的观点之前，先来探讨一下几个具有代表性的意见。

美国兰德公司的查尔斯·沃尔夫认为，公共政策分析是把科学理论方法应用于解决政策的选择和实施问题，这些政策包括国内、国际以及国家安全事务等方面。这种看法似乎会给人带来一种错觉：政策分析仅仅是简单的技术工作，它只需由部分人写出研究报告并交付实施即可。

美国学者米切尔·怀特认为，人们很少能选定那些一劳永逸、自成一体、所有人都能领会的政策。政策分析的目的不是产生某种一锤定音的政策建议，而是要帮助人们产生对现实可能性和期望之间逐渐一致的认识，产生一种新型的社会相互关系与“社会心理”模式。这种模式使人们对政府的某项职能有了新的共同认识，其结果是使政治集团之间的活动或行为趋于一致，冲突逐渐减少。

政策科学的创始人之一、著名学者叶海卡·德罗尔认为，政策科学应包括基本政策、元政策、政策分析、实现战略等内容。美国学者克朗根据德罗尔的构想，认为从方法论角度看，政策科学应包括五个基本范畴：政策战略、政策分析、政策制定系统的改进、政策评估、政策科学的进展。

综上所述，我们认为，公共政策分析是对政府为解决各类公共政策问题所采取的对政策的本质、产生原因及实施效果的研究。

1.4.2 公共政策分析的要素

公共政策分析是对政府政策的制定、实施与评价的分析，不同于一般的技术分析。我们认为公共政策分析的基本要素有：政策问题、政策目标、政策方案、政策模型、政策资源、政策评价标准、政策效果、政策环境和政策信息。

1.4.2.1 政策问题

某一公共政策能否顺利提出，在一定程度上取决于人们是否对政策问题取得共识。政策问题是从大量社会问题中筛选出来的，如何筛选，谁参与筛选，其结果会大相径庭。作为有选择的社会问题，人们对它们所做的判断是否准确，既取决于经验知识，又取决于社会伦理道德与社会价值观念。

1.4.2.2 政策目标

政策目标是政策所希望取得的结果或完成的任务。确定解决问题的目标，是政策分析的前提和中心任务。如果没有政策目标，就无法确定政策方案。如果目标不明确，会使政策出现偏差。界定了政策问题，并不等于确定了政策目标，因为问题中确认的东西还很抽象，往往抓不住问题的要害。所以要明确目标，具体落实。

1.4.2.3 政策方案

为实现某一目标，可采用多种手段或措施，它们统称为备选方案。拟订可供选择的各种备选方案，也是政策分析的基础。由于好与坏、优与劣都是在对比中体现的，所以需要拟订出一定数量的可行方案进行对比选择。无选择的政策方案不行，有了可供选择的方案而不会选择也不行。为保证备选方案的拟订、设计和选择，人们十分重视政策方案的科学预测。预测结果如何，取决于经验、资料与其他信息，以及预测技术等。

1.4.2.4 政策模型

按照系统分析的观点，模型是对研究对象和过程某一方面的本质属性所进行的一种抽象描述。它可以将复杂问题变为易于处理的简单模式，不受现实中非本质因素的约束，易于理解、操作、模拟与优化。模型是由变量与关系组成的。变量反映随时间和其他条件变化的数值改变程度。明确变量及其相互关系是政策分析的主要任务。

1.4.2.5 政策资源

在政策制定与实际执行中，都会消耗各种资源。政府的“作为”，以能提供多少资源为基础，这是公共政策分析的前提条件。所消耗的资源，一般可以用货币表示其费用，但在政策分析中，有许多因素是不能用货币衡量的，是非货币支出的费用，如生态影响因素、环境影响因素等。因此，政策决策者与政策分析者要综合、全面考虑政策制定与执行过程中将会消耗的各种资源，他们对资源消耗的看法，将会直接影响最终实际公共政策的制定。

1.4.2.6 政策评价标准

整个政策过程，无论是从系统评估、投资评估、推测评估、方案评估，还是执行评价或总评价等，都在于所建立的合适的评价标准。政策制定是政治过程，离不开政治上的评价及其标准。显然，不同统治阶级的政治评价标准是完全不同的，资产阶级维护资产阶级的利益，工人阶级维护最广大人民群众的利益。政策评价往往是综合性评价，因为不同方面的标准，无法用较为统一的尺度来衡量。

1.4.2.7 政策效果

衡量政策效果的尺度往往用效益和有效性表示。效益大致有三方面：社会效益、经济效益与生态效益。有些效益可以用货币衡量，有些则不可以。从投入—产出模型分析，政策效果基本由两个因素决定：一是政策执行的成本，二是政策执行的结果。当政策执行结果所产生的效益高于政策执行成本时，政策结果是有效的，两者之间的差越大则说明政策结果的有效性越高；反之，当政策执行结果所产生的效益低于政策执行成本时，政策结果是无效的。

1.4.2.8 政策环境

我们说过，公共政策系统不仅包括政策主体和客体，还包括外在环境。环境会制约和影响公共政策的制定和实施结果。在政策分析过程中，我们不能忽略外在环境的作用。

1.4.2.9 政策信息

公共政策活动是对政策信息进行搜集、加工、传递、使用、反馈的过程，即输入关于社会各方面要求与需要的信息，经过转换（领导层的决策），输出作为所制定的政策内容的信息，其中也包括政策实施情况的反馈信息。可以说，政策信息的优化与政策优化是一致的：高质量的信息采集、科学的信息处理、有效的信息传递、快速灵敏的信息反馈等，既会保证政策目标与政策方案的优化，也会保证政策的有效实施。

2 公共政策的制定分析

2.1 公共政策制定概述

2.1.2 公共政策制定的内涵

政策制定是一个复杂的活动过程，它由一系列功能活动或环节构成。安德森认为，政策形成涉及三个方面的问题：公共问题是怎样引起决策者注意的？解决特定问题的政策意见是怎样形成的？某一建议是怎样从相互匹敌的可供选择的政策方案中被选中的？查尔斯·琼斯和迪特·马瑟斯在《政策形成》一文中认为，政策形成包括了这样一些问题：政府问题来自何方？如何分清轻重缓急？问题怎样随时间变化？什么人与提案的形成有关？他们怎么做？如何支持提案？体制对方案的形成有何影响？出现了什么跨体制因素促成方案发展？等等。

我们认为，政策制定是指从发现问题到政策方案出台的一系列功能活动环节组成的政策形成过程，包括对政策问题的认定、政策议程建立、政策方案规划和政策合法化这几个步骤。对政策问题的认定一般被认为是公共政策动态运行的第一个环节，也是其他环节的前提和基础。在正确构建问题的基础上，建立政策议程并进行合理、有效的政策方案规划，直至推动政策合法化，从而完成公共政策制定的整个环节。接下来，我们将从下一节开始，对各个步骤进行逐一讨论。

2.1.2 公共政策制定的中国特色

2.1.2.1 实事求是的思想路线

中国共产党和人民政府在政策制定中的一个基本经验，就是坚持实事求是的思想路线。在政策制定过程中，坚持一切从实际出发，理论联系实际，将马克思主义的普遍真理与中国革命和建设的具体实践相结合，制定出符合中国国情的正确政策。

2.1.2.2 从人民的利益出发的根本宗旨

坚持从人民的利益出发，是我们制定任何一个政策的根本宗旨，也是我国政策制定过程中的一个基本特点。党在各个历史时期的总政策，都是根据人民的利益来确定的，各级党组织和各级政府的领导机关的每一个具体政策的制定，也必须坚持从人民的利益出发这一根本原则。是否符合广大人民群众的利益，是我们判断政策正确与否的一个根本标准。

2.1.2.3 民主集中制的组织原则

民主集中制是党和国家最根本的组织制度和领导制度。中国共产党和人民政府的领导机关，在政策制定过程中坚持民主集中制的组织原则，这是制定出正确政策的组织保证。民主集中制是民主制和集中制的高度统一，是高度民主基础上的高度集中，是民主基础上的集中和集中指导下的民主相结合。

2.1.2.4 调查研究的优良作风

在政策制定过程中，坚持调查研究的优良作风，是具有中国特色的政策制定的又一基本经验。在确定政策之前，进行广泛深入的调查研究，全面地了解客观情况，如实把握客观规律，在调查研究的基础上制定出正确的政策，这是我党、我国政府的各级领导机关的普遍做法。坚持调查研究的优良作风是制定正确政策的重要保证。

2.1.2.5 群众路线与协商对话的基本方法

群众路线与协商对话是具有中国特色的政策制定的另一个基本经验。一切为了群众，一切依靠群众，从群众中来，到群众中去，这是中国共产党在90多年的斗争中形成的群众路线。“从群众中来”，就是在工作中深入群众，集中群众的智慧与要求，反映群众的愿望和要求，制定出正确的政策；“到群众中去”，就是将集中起来的正确政策变为群众自觉的实际行动。与群众路线密切相关的是，强调政策制定过程中通过协商对话达成共识，“找到全社会意愿和要求的最大公约数”。

2.1.2.6 循序渐进与重点突破相结合的决策模式

在新的历史时期，在关于政策制定的指导思想、原则和方法方面，习近平同志强调实践发展永无止境，解放思想永无止境，改革开放永无止境；强调全面深化改革要有强烈的问题意识，以重大问题为导向，抓住重大问题、关键问题进一步思考，找出答案，着力推动解决我国发展面临的一系列突出矛盾和问题；指出要善于从纷繁复杂的事务表象中把准改革脉搏，把握全面深化改革的内在规律；要把握全面深化改革的重大关系，处理好解放思想和实事求是的关系、整体推进和重点突破的关系、顶层设计和“摸着石头过河”的关系、胆子要大和步子要稳的关系、改革发展要稳的关系。

2.2 公共政策问题的界定与建构

公共政策的功能在于解决社会公众所面临的一些特定问题，因此，界定与构建公共政策问题是进行政策分析的第一步，它直接影响政策过程后续阶段的程序与任务。问题是政策过程的起点，问题总是先于政策的制定，而且问题的性质及特点常常决定了相关政策形成过程的性质及特点。从这个意义上讲，没有政策问题的确认就不会有公共政策的出台，即要制定公共政策，首先必须挖掘和确认政策问题，了解问题产生的原因和背景，寻找社会问题进入政策议程的途径，把握政策问题分析的基本方法。那么，接下来，我们将对公共政策问题的界定与构建进行研究探讨。

2.2.1 公共政策问题的内涵

在第一章探讨公共政策的客体时，我们对社会问题、公共问题、公共政策问题做了简单的分析，那么，接下来我们将会进一步探讨公共政策问题的内涵。

人类社会生活中存在着各式各样的问题：个人会遇到失恋受挫、就业困难等问题；家庭会遇到入不敷出、买不起房等问题；企业会遇到成本上升、竞争加剧等问题。当然，并不是这些所有的问题都由政府来解决，政府要用政策干预和解决的是那些引起社会广泛关注、得到政府充分重视并且属于政府管辖范围之内的特定公共问题，即政策问题。因此，在讨论公共政策问题的内涵之前，我们有必要对问题、私人问题、社会问题、公共问题等概念进行区分。

2.2.1.1 问题、私人问题、公共问题、社会问题

在人们与周边环境发生互动的过程中，凡是人们的目标、期望、偏好、计划等不能实现的状况，或者凡是现实中与人们的期望和预定目标不相符合的状况，都可统称为问题。问题是人们的需要、受剥夺感或不满足感的体现，反映出来的是客观实际情况与主观心理期望之间的差距。

问题可以宽泛地划分为私人问题和公共问题两大类。

私人问题是个人根据自身需求，在争取现实状态向期望状态转化过程中遇到困难或形成矛盾而形成的差距。私人问题只能通过个人努力去克服，而个人能力的提高也正是在不断发现问题、分析问题和解决问题的过程中得以实现的。一般来说，私人问题的影响范围较狭窄，它只涉及一个人或者数个人，但它是构成公共问题的基础。

公共问题是社会上绝大多数人或相当一部分人所面对的共同问题。公共问题超越了个人范围，它与社会成员的生活息息相关，它涉及的人群范围广泛，并且其影响所及已不仅限于某个区域或社会生活的某个领域。当私人问题产生的影响和私人问题的解决具有广泛性，那么此时私人问题就转化为了公共问题。

与公共问题类似，社会问题也会影响到社会大部分人的共同生活，但它多指公众所面对的社会现象领域的问题，即破坏社会正常活动、妨碍社会协调发展的社会现象，如人口问题、毒品问题、生态环境问题、劳动就业问题、种族歧视问题、青少年犯罪问题和社会老龄化问题等。

在日常生活中，人们常常把社会问题与公共问题用作同义语，都指与纯粹的私人问题相区别、涉及多数社会成员并且为民众普遍关心的问题。我们在这里也是如此。

2.2.1.2 公共政策问题

那么是不是所有的公共问题都是政策问题呢？当然不是。社会所面临的问题很多，但政府只有有限的资源、能力和手段，并非所有的问题都要政府通过制定政策加以解决。有些问题可以通过私人自治或民间组织得到处理；有些问题已成为历史，没有解决的必要；有些问题过于复杂，政府无力加以解决；还有，政府出于对各种利益的综合考虑，对某些属于自己职能范围内的社会问题采取漠视的态度。因此，只有一部分公共问题能得到政府的真正重视，进入政府的政策议程，进而转化为公共政策问题。

关于公共政策问题的定义，学术界并没有统一的看法。美国政治学家安德森提出：从政策意图的角度来看，政策问题可以被定义为引起社会上某一部分人的需要或不满足的某种条件或环境，并为此寻求援助和补偿的活动。寻求援助和补偿的活动可以由那些受环境影响的人直接从事，也可以由别人以他们的名义进行。威廉·N. 邓恩认为政策问题是指“有待实现的需要、价值或机会，不论其是怎样确定的，都可以通过公共行为实现”。

我们认为，公共政策问题是指基于特定的社会问题，由政府列入政策议程并采取行动，通过公共行为希望实现或解决的问题。可以从以下五个方面来理解这个定义：一是政策问题是客观存在的公共问题，表明现状出现了偏差或不足；二是政策问题与公众流行的价值观有冲突，被认为是不公正的或不合理的；三是政策问题已被多数人察觉，有了明确的“问题”意识；四是政策问题已通过个人或团体的行动予以表达，并产生了一定的压力；五是政策问题属于政府管辖范围，且被列入政府议程。

2.2.2 公共政策问题的特征

在处理公共政策问题这种复杂事务时，认识它的几个最主要特征有助于我们对政策问题的理解，并且将它从公共问题中区别开来。根据美国学者威廉·N. 邓恩的看法，我们认为公共政策问题主要具有如下特征：

2.2.2.1 关联性

政策问题并非孤立存在，而是相互依存的。某一领域的政策问题，往往会影响到其他领域的政策问题，不同领域的政策问题是相互关联着的。并且政策问题还总是交织的，某个问题可能只是问题“丛林”中的一个组成部分。政策问题的关联性特征增加解决政策问题的难度。用分析性方法，也就是说，把问题分解为要素或组成部分来解决问题系统很困难，甚至不可能，因为问题极少能相互独立地加以明确并得到解决。它要求我们在制定政策、解决问题时，必须树立整体协调的观念，将某一问题视为整体问题不可分割的重要组成部分，防范“只见树木不见森林”的错误。

2.2.2.2 主观性

政策问题是思想作用于环境的产物。政策问题既与客观的社会现象有关，也与人们对这种现象的认识和选择有关。某种社会现象在不同时期、经由不同人群看来可能是问题，也可能不是问题；有些问题已经存在，但未能被政策制定者所认识；有些问题在特定时空条件下，可能不具有普遍性和紧迫性，但却有可能被政策制定者认定为政策问题。此外，被普遍认为是问题的某种客观现象在持有不同价值观的人群里也可能属于不同性质的问题，即在对政策问题认识的正确程度和深刻程度上，也存在主观性，在很大程度上取决于政策制定者的认知能力和价值取向。总的来说，虽然政策问题具有其客观情势，但最主要的是人类以概念诠释问题情境的感觉产物，是人类心智的产物。因此，在政策分析中，我们要注重政策问题的主观性。

2.2.2.3 人为性

一方面，只有当人们对改变某些问题情势的希望做出判断时，才可能产生政策问题。政策问题是人类主观判断的产物，它涉及特定人群的利益，需要通过他们的公共活动予以表达，并根据一定价值观来确认，即它不能脱离那些试图界定该问题的利害关系人。

另一方面，政策问题的存在通常源于人类对社会和自然界的改造，源于人类的行为，故而具有人为性特征。主要表现在：一是政策问题往往与人们违背客观规律，破坏与自然界和谐的关系有关；二是政策问题可能是先前某些社会成员的错误行为，或政府不恰当的政策所造成的。

2.2.2.4 动态性

政策问题反映的是公众对现状的不满意及希望对其加以改进的意愿，它可能因为社会生活的发展及人们价值观念的更新而逐渐缩小、消失，也可能不断扩散乃至恶化。除此之外，对一个特定问题有多少种定义，就有多少种解决方案，一个政策问题可能具有不同的解决方案，解决方案也可能转变为一个问题，政策问题与解决方案经常相互流动。如果问题未被正确地加以陈述，则解决方案会逐渐失去时效。另外，政策问题的解决方案也会随着外部环境因素及人们对问题内容、性质的理解发生变化而变化。

2.2.3 公共政策问题的建构

公共政策问题的基本特征决定了它的确认与建构是一项非常复杂的工作，并且也是有效解决政策问题的前提和关键。问题的建构优先于问题的解决，只有找准了问题，才能做出具有针对性、正确、有价值的解决方案，即公共政策决策。因此，公共政策问题的确认与建构显得尤为重要。

2.2.3.1 公共政策问题建构的具体内涵

我们认为，问题建构的基本内容有：①发现问题，确认特定问题是否是政策问题。在发现问题之后，要确认它是否属于政府职权范围之内，要考虑政府的介入与干涉是否具有正当性和必要性、是否符合社会一般价值观，政府是否具备解决该问题的能力等，进而确定该问题是否能成为政策问题。②确认问题情境。也就是要弄清楚问题的由来、是谁提出的问题、问题的性质如何、问题设计的领域和波及的范围、问题的严重程度等，进而能够大致确定问题的解决方案是怎样的。③了解政策利害关系人的切身感受。要综合考虑问题与政策相关的各方面利害关系人的感受，以及他们的诉求与期望等。④问题陈述。即通过可理解的语言，将问题加以具体描述和表达。具体而言：指明问题的本质，包括问题的严重程度、影响范围等；陈述问题的产生原因和背景，是自然原因还是人为原因等；确定标的人口，即政策的受益人口和约束人口；初步提出解决问题的思路，并阐述其现实可能性、政策资源的承受能力等。

2.2.3.2 公共政策问题建构的具体程序

在公共政策过程中，政策问题构建通常由问题感知、问题搜索、问题界定和问题陈述四个相互依存的过程组成；政策问题构建包括问题情境、元问题、实质问题和正式问题四种实质内涵。

第一阶段：以“问题感知”体悟“问题情境”。政策问题构建的整个过程有一个前提条件，那就是认识或感知到问题情境的存在。在此阶段中，我们的目标并不是发现单独存在的政策问题，而是企图发现政策问题利害关系人所共同感受到的问题情境形态。

第二阶段：以“问题搜索”认定“元问题”。此阶段要求以公共政策概念诠释问题情境，使之成为政策分析家所能处理的元问题。政策分析家通常面对的是一个由各种不同意见纠集而成的问题之网，它们是动态的，具有社会性，贯穿政策制定过程。事实上，这是一个“元问题”——一个问题的问题，它是结构不良的，因为各个利益相关人对问题的陈诉差异很大，好像范围大得难以控制。所以，此阶段的中心任务是要根据政策科学的理论找出结构不良的政策问题，以形成政策分析家感兴趣的元问题。

第三阶段：以“问题界定”发现“实质问题”。此阶段要求以专业知识来判断该问题究竟属于哪一个政策领域。若是经济学的范畴，则从供需法则的角度加以分析；若属于政治学的范畴，则要按各个利益集团、精英人士或其他社会等级中权力与影响的分布加以分析。不论是哪一个领域，这个阶段都反映出政策分析家的世界观和意识形态。

第四阶段：以“问题陈述”建立“正式问题”。一旦界定了问题的实质，就可以进一步确立更详细、更具体的正式问题。从实质问题到正式问题这个过程称为“问题陈述”，即对实质问题形成一个正式的数学表达模型。对结构不良的问题来说，此阶段的任务不在于得到正确的数学解决方法，而在于界定问题本身的性质。

在政策问题构建程序中，不同的阶段必然会使用不同的分析方法和理论基础。在前两个阶段，所运用的方法着重于主观的研究法或诠释的理解法，思考问题的理性则是政治与社会理性；在后面两个阶段中，所运用的方法则注重客观的研究方法或量化的分析方法，思考问题的理性则是经济与技术理性。

当我们认定政策问题时，我们所感受到的问题情境必须与元问题的性质相符合，我们所搜索到的元问题也必须符合实质问题，而当我们将实质问题转化为正式问题时，更必须维持一致的关系。否则，将会犯相当可怕的“第三类错误”，即当应该解决正确的问题时，却解决了错误的问题。

2.3 公共政策议程的建立

2.3.1 政策议程的界定与类型

政策议程，是指政策制定者就某个广为关注的公共问题进行讨论，以决定是否需要对其采取行动、何时采取行动以及采取什么行动，它是将政策问题提上政府议事日程，纳入决策领域的过程。

将一个政策问题提到政府机构的议程之上是解决该问题的关键一步。一般而言，政策议程也是社会问题、公共问题转化为政策问题的关键一步。一个公共问题或社会问题只有以一定的形式，经过一定的渠道进入政策议程，成为决策者研究和分析的对象，才能成为政策问题，这个问题也只有通过政策议程才能得到解决或处理。但是，某个公共问题出现在政策议程上并不意味着就必然会为之制定政策，因为政府在讨论过后可能做出不予理睬或推迟再议的决定，直到引起社会公众更广泛的关注，或者政府有更丰富的资源可以利用。更何况对于许多问题来说，政府解决它们的办法还是更多的钱和更多的管理，而不是出台或修订政策。

政策议程的形成过程，也就是问题有望获得解决的过程，就是人民群众反映和表达自己的愿望和要求，促使政策制定者制定政策给予满足的过程，就是政府或执政党集中与综合所代表的阶级、阶层和集团利益，并通过政策制定予以体现的过程。

在政治系统中存在着诸多政策议程。其中公众议程与政府议程是最基本的两种形式，同时也是政策议程的两个不同阶段。一般来讲，一个公共问题如果不能在公众议程上占据一席之地，那么它就很难进入政府议程。

2.3.1.1 公众议程

公众议程，又称“系统议程”，是指某个社会问题已经引起社会公众和社会团体的普遍关注，他们向政府部门提出政策诉求，要求政府部门采取措施并加以解决的这样一种政策议程。

从本质上讲，公众议程是一个众人参与的讨论过程，是一个问题从与其具有特殊联系的群体逐渐扩展到社会普通公众的变化过程，即一个问题先引起相关群体的注意，进而引起更多人的注意，最后普遍受到普通公众的注意。公众议程依赖于有正义感、责任心、公共精神和批判意识的公众。

出现在公共议程上的问题大多是与老百姓切身利益相关的民生问题，这些问题得以进入公众议程的前提条件是：①问题具有典型性，已经广泛流传并受到充分注意；②大多数人都认为有必要对此问题采取行动，否则会扩散或恶化；③公众普遍认为该问题属于政府部门管理权限范围，并且只有政府才能解决。

2.3.1.2 政府议程

政府议程，又称“正式议程”，是指某些社会问题已经引起决策者的深切关注，他们感到有必要对之采取一定的行动，并把这些社会问题列入政策范围的这样一种政策议程。

从本质上讲，政府议程是政府部门按特定程序行动的过程，在程序上表现较为正式和固定，在方法上表现比较严谨和精确，在内容上表现比较具体和集中。一般来说，政府是否将某个公共问题列入议事日程取决于民众压力的大小、其他问题的相对重要程度以及政治意识形态等。

在政府议程阶段，问题得到较为清晰的描述，政府基本掌握了问题的原因、性质与状态，并根据问题的轻重缓急决定采取政策行动的时间和次序。因为即使进入政府议程，由于政府的工作千头万绪，许多问题等待处理，必然要排出先后次序，分出轻重缓急。政策问题只有进入政府议程才有解决的可能。

2.3.1.3 公众议程与政府议程的区别

公众议程和政府议程是政策议程的两个不同阶段，二者有着本质区别。公众议程一般由一些比较抽象的项目组成，其概念和范围都比较模糊，仅是发现问题、提出问题，它可以不提出政策方案或解决办法，所体现出来的往往是众说纷纭的特点。政府议程则比公众议程更加特定和具体，它是对政策问题进行认定和陈述的最后阶段。问题经过一定的描述，为决策系统正式接受，并采取具体方案试图解决的时候，公众议程就转为政府议程。

二者的联系在于：公众议程是政府议程的起始阶段，政府议程是政策议程的高级阶段。在一般情况下，一个政策问题提出的过程是这样的：某一社会问题先进入公众议程，被公众加以关注和讨论；然后，由于该问题自身的特殊性、重要性、严重性以及迫切性等，引起了政府的决策者的关注，由公众议程进入政府议程，最后成为政策问题。然而，并不是所有的社会问题都是如此。并非所有进入公众议程的问题，都必然进入政府议程，也并非所有进入政府议程的问题必然经过公众议程。

2.3.2 影响社会问题进入政策议程的行为者

政策制定实际上是把社会上各种利益诉求输入政策系统并将其转化为政策输出的过程。在利益派别及主张多元化而政府财力又有限的情况下，政策议程的构建常常是一个极其复杂的过程。各派政治力量都会参与其间，为争夺优先权及维护自身利益而进行斗争、交易和妥协。在这种情况下，某个公共问题若想成功地被列入正式的政策议程，就必须依靠有影响力的主体从背后不断推动，并且最大限度地动员问题所涉及的利益相关人员。这些有影响力的主体便是影响社会问题进入政策议程的行为者。

2.3.2.1 政治领袖

在任何国家或地区，政治领袖都是影响政策议程建立的一个重要因素。他们无论是出于公众价值观和政治使命感，还是出于个人需要和团体利益的考虑，都会密切关注社会中出现的这样或那样的问题，提出对特定问题的解决方案，并在可能的条件下，将其告知公众，以引起必要的回应。作为政策系统的核心人物，政治领袖往往具有较高的声望、丰富的从政经验和一定的远见卓识，所以他密切关注的问题总能迅速地被提上政策议程。当然，政治领袖在政策议程构建的这种作用大小更多地取决于国家政治体制。需要注意的是，政治领袖对社会问题的关注和认定往往受多种个人因素的制约，如性格特征、成长经历和受教育程度等。在构建政策问题、建立政策议程的过程中，这些个人因素往往会与公共问题交织在一起，并以国家和公众的名义体现。

2.3.2.2 政党

政党是一定阶级或阶层在政治上最积极的代表，也是现代社会最主要的政治主体，绝大多数国家都存在一个或多个政党。由于政党必须通过夺取和巩固国家政权来贯彻其政策纲领，以维护其所代表的阶级或阶层的利益，因此政策议程的构建常常是在政党的主导和参与下实现的。尽管当今世界各国所实行的政党制度不同，但执政党往往都是促使政府将某些公共问题纳入政策议程的最重要力量。

2.3.2.3 利益集团

利益集团是基于某种共同价值、共同利益、共同态度或者共同职业等而形成的正式或者非正式的社会组织。利益集团的基本职责是维护并增进本团体成员的共同利益。在社会政治生活中，当既定的社会利益结构发生变化时，出于维护自身利益的考虑，利益集团就会单独或联合其他团体向政府提出种种问题与要求。在多元主义理论看来，现代政府的公共政策过程，在本质上就是众多利益团体代表各自成员的利益，进行利益聚合与表达，通过竞争、博弈和讨价还价，最终达成妥协和均衡的过程。利益集团在问题构建与政策制定过程中发挥着重要作用，它们通过游说、宣传、助选、抗议等手段，迫使政府将其提出的问题列入政策议程，并采纳有利于自己的政策建议，或者通过各种手段阻止对自己利益产生损害的政策，以最大限度地维护本团体成员的利益。

2.3.2.4 专家学者

在科研机构、高等院校中工作的专家学者凭借自己的专业优势和技术特长，既能及时捕捉到社会运行中的现实问题，又能科学预见到社会发展中的潜在问题，并能够凭借自己的特殊地位和重要影响，进行问题分析和政策发动，从而为社会问题进入政策议程创造条件。但是，与政治领袖的作用相比，专家学者对政策议程的建立影响较小。

2.3.2.5 大众传媒

在信息社会，大众传媒凭借其覆盖率高、信息量大、影响面广、冲击力强等优势，传播信息、制造舆论、沟通思想、普及知识，有效并深刻地影响着社会问题进入政策议程的效率和质量，被视作“第四种权力”。在政策议程的建立过程中，大众传媒一方面反映民众的偏好、利益和要求，把少数人发现的问题广泛传播，以形成强大的舆论压力，促使政府决策系统关注并接受特定的政策问题；另一方面，大众传媒也借助政府的观点和自己的见解，影响和改变着民众的意愿与需求，重塑社会公共问题。这种双向的互动过程使得大众传媒日益成为社会公共问题进入政策议程的有力推动者。

2.3.2.6 公众个人

从某种意义上讲，许多公共问题都是由私人问题演化而来的。当一个人遇到某个问题，他不选择忍气吞声，而是将自己的想法告知公众和媒体，或者将有类似看法的人组织起来，掀起一场群众运动，向政府有关部门提出抗议，或者通过正当形式展开讨论并提交政策建议等，那么此时，就会形成许多人讨论的局面，这一个私人问题就有转变为公共问题的可能。除此之外，还需要强调非正式关系在社会问题进入政策议程过程中的作用。所谓非正式关系，是指超出法定组织制度和工作程序的人际关系，比如老乡、亲属、同学、朋友等关系。通过这些非正式关系，公民个人提出的问题可能被列入政策议程。

2.3.3 触发社会问题进入政策议程的时机

社会问题要想成功进入政策议程，不仅需要有人在背后推动，还需要把握住时机，即所谓的触发机制。尽管它们数量稀少，且不可能长久存在，但是公共政策的重大变革却常常是由于这些时机的出现而导致的。综合国内外学者的研究，我们这些时机有：自然灾害、危机事件、技术变革、国际冲突等。

2017年9月12日，

黑色

2.3.3.1 自然灾害

自然灾害的来临，常常严重威胁到社会成员的生命和财产安全。只要是追求长治久安的统治者都必须顾及民心，将救灾事宜作为最重要的政务来处理。现代社会对自然灾害的预测能力有了很大的改观，因此政府能够提前做出部署，以减少灾害的破坏。尽管如此，突发性的灾害仍然不能避免，它警示我们要爱护环境、保护生态，维护大自然的平衡。

2.3.3.2 危机事件

某种危机事件会使某些问题被尽快提到政府议程，如煤矿事故、恐怖袭击等。尽管社会上有大量的问题已被人们察觉到，引起了广泛关注和议论，但还没有到非采取行动不可的地步。但在某一突发事件的影响下，把社会上与之相关的事，都统统同这一件事联系起来时，会使决策者为之一振，很快认识到问题的严重性。

2.3.3.3 技术变革

技术变革同样会加快某些政策议程的构建，特别是那些影响深远的新技术的出现。它们往往带来新型的问题，迫切需要政府通过有效的政策干预来解决。比如，作为人类通信技术的一次革命，互联网的出现的确极大地便利了人们的生活，但它导致了网络诈骗、网络黑客、网络病毒等一系列网络犯罪活动。当然，对于某种技术变革的看法会因国而异，所以在它是否构成一种政策问题以及在它构成一种政策问题时如何处理等方面可能有不同的判断和做法。比如，各国政府对克隆人的态度就有很大差异。

2.3.3.4 国际冲突

国际关系对公共问题进入政策议程的影响是复杂多变的。国际冲突的出现既会使某些问题凸显出来，也会暂时搁置另一些问题或阻碍其提出。对于当前这个时代来说，国家之间的冲突更多的是以贸易战的形式呈现出来，其结果就是政府越来越多地对本国企业参与国际竞争给予关照和支持。

2.3.4 公共政策议程的建立模型

政策议程的构建会因为国家的政治体制、公共问题的性质和领域、倡导者的人员组成等的差异而有所不同。为了能认识和分析这些具有不同特点的政策议程的构建方式，学者们创立了一些模型来简化和说明。其中，以科布和金登的观点最具代表性。

2.3.4.1 科布的政策议程模型

美国学者罗杰·W. 科布等人在《比较政治过程的议程决定》一文中根据政策问题的提出者在议程中的不同作用，以及扩散其影响力的范围、方向和程序而把政策方程模型划分为外部推动模型、政治动员模型和内部推动模型。

外部推动模型适用于描述自由主义的多元化社会的政策议程构建。在该模型中，政策诉求由政府系统以外的公民个人或社会团体提出，经阐释（对政策诉求进行解释和说明）和扩散（通过一定方式把政策诉求传递给相关群体），首先进入公众议程，然后通过对政府施加压力的手段，使之进入政府议程。该模型通常在民主和平等的社会中出现。通过该模型创建的政策议程只是让政策问题列入政府的议事日程，并不意味着政府会不折不扣地按创始者的意愿做最后的决定。通常情况是，通过该模型创建的政策议程，最终不是受到彻底否决，就是被修改得面目全非。

政治动员型更符合集权主义政体中政策议程构建的特征，它描述的是政治领袖自己提出问题并将其列入政策议程。具有权威作用的政治领袖主动提出的政策意向，往往能够成为政府的最终决策，所以看似没有必要建立相应的政策议程。之所以要这样做，主要是为了寻求社会公众的理解和支持，以便更好地贯穿和实施这项政策。政治动员型以政府议程为基点，公众议程为对象，其目标在于政策方案的顺利执行。该模型通常出现在不太公平的社会中，在那里，政府及其领袖具有超强的权威。

内部推动型多见于法团主义的政体。政府系统内部的人员或部门为解决纯粹的内部事务而提出政策问题，且问题扩散的对象仅限于“体制内”的相关团体和个人。在该模型下，仅限于政府内部的组织或接近于决策者的团体才能提出政策问题；该模型企图排除普通公众参与的可能性，此类问题的确认远离公众议程，普通公众便没有参与的机会和希望；问题最多会扩散到一些认同性团体，以争取更多力量的支持，向决策者施加足够的压力，促使决策者将此类问题列入政府议程。在整个议程建立和政策形成过程中，社会大众的参与并不多，起支配作用的是政府和占优势地位的团体。可见，该模型在财富和权力相对集中的社会较为流行。

2.3.4.2 金登的政策议程模型

根据约翰·W. 金登的看法，政策议程的模型建立在问题流、政策流、政治流三种信息流的基础之上。

问题流主要关注问题的界定。它包括问题是如何被认知的，以及客观条件是如何被定义为问题的。问题常常通过以下三种途径而受到人们的普遍关注：第一，社会问题存在与否及其重要程度，可以用一系列指标来反映；第二，一些重大事件或危机事件经常能够导致决策者对某个问题的关注；第三，从现行项目中所获得的反馈信息，可以推动对问题的关注。

政策流与解决问题的技术可行性、问题解决方案的公众接受度等有关。政策流的重要方面在于针对政策问题而提出的各种建议，通常以听证会、论文和会谈等形式获得检验。各种各样的政策建议、解决办法相互碰撞、相互修正、相互结合，广为传播。这些建议能够存在需要满足多项条件，如它们的技术可行性、它们与主导价值观的适合程度、它们的预算可行性以及政策制定者提出这些建议所可能遇到的支持或反对。

政治流涉及政治对于问题解决方案的影响。它包括三个因素：公众情绪、压力集团之间的竞争、行政机构或立法机构的换届等。潜在的议程项目如果与目前的民族情绪相一致，能够得到利益集团的支持或者没有有组织的反对，符合立法机构或行政机构的一贯主张，那么它们就更容易获得议程上的优势地位。

金登指出，当这三个信息流汇合到一起，“政策之窗”（政策建议的倡导者提出其最得意的解决方案的机会，或者他们促使其特殊问题受到关注的机会）就打开了，即问题与解决办法及一些有利的政治势力连接起来，从而极大地增强某个项目进入决策议程的可能性。三者缺一不可。然而，在现实生活中，更多时候出现的都是部分的结合。

2.4　公共政策方案规划

政策方案规划是政策方案形成过程中的中心环节，是政策制定走向科学化和理性化的必经阶段。一个政策问题一旦进入政府的议事日程，我们就将开始对其进行分析、研究及提出解决方案的进程，这个进程便是政策方案规划阶段。

2.4.1　政策方案规划的内涵

政策方案规划的概念，从词义上分析具有两层含义。作为名词的政策规划是指为解决政策问题所制定的行动目标、行动步骤和行动要求等，即政策方案的内容。这是一种静态的含义。作为动词的政策规划是指行动目标、行动步骤、行动要求等，是设计制定过程，即政策方案的制定过程。这是一种动态的含义。我们多用动态的含义。

关于政策方案规划的含义，不同学者有着不同的观点。我们列出了几种具有代表性的观点，并对此进行了分析。

美国学者安德森认为，方案规划涉及与解决公共问题有关的，并能被接受的各种行动方案的提出。

美国学者查尔斯·琼斯认为，政策规划指发展一个计划、方法和对策，以满足某种需求，解决某项问题。

台湾地区学者林水波和张世贤认为，方案规划是一个针对未来，为能付诸行动以解决公共问题，发展中肯并可以接受的方案的动态过程。

张金马教授认为，政策规划过程是一个狭义的政策分析过程，包括政策目标的确定、政策方案的设计、政策方案的选择、政策方案的可行性论证等程序。

陈振明教授认为，所谓政策规划指的是对政策问题的分析研究并提出相应的解决办法或方案的活动过程，它包括问题界定、目标确立、方案设计、后果预期、方案决策五个环节。

这些定义都从不同方面对政策方案规划进行了阐释，由此我们能感受到政策方案规划的基本特征如下：

首先，政策方案规划的目的是解决特定的政策问题。政策问题的客观存在是政策规划的前提和基础，政策方案规划是以消除特定的政策问题或以防止其扩散为目的而展开的，问题的性质、领域和程度都决定了政策方案规划的主要内容。

其次，政策方案规划着眼于未来的变革与发展。政策规划是一种前瞻性或前置性的政策行为，需要运用经验判断和科学分析来推导政策问题未来可能的发展趋势及可能的状态，然后结合这些可能性来进行方案的构想和设计。只有这样，才能确保最终出台的政策不会滞后于环境的变化，而是在较长一段时间里都适用，减少频繁出台政策所带来的不便。

再次，政策方案规划的基本内容是方案设计与方案择优。政策方案的设计是针对要解决的政策问题，运用各种定性与定量的分析手段和方法，设计出一系列可供选择的方案。方案择优就是通过系统的分析、比较和可行性论证，在多个备选方案中确定一个最优的方案的过程。方案设计立足于政策目标，方案择优立足于可行性论证。

最后，政策方案规划既是一种研究活动，又是一种政治行为。一方面，政策规划要借助专家学者的力量，遵循科学的原则、手段与方法，来开展问题界定、目标确立、方案设计、后果预测、方案设计等一系列活动。另一方面，由于政策涉及公众之间利益的调节和分配，政策规划过程因其中的参与者因其利益、价值观和信仰不同而相互影响、相互制约，呈现出纷繁复杂的特点。换句话讲，政策方案规划就是政府与非政府行为者之间的一种互动博弈过程，而最终制定的政策就是这个过程的结果。

综合前面的分析，我们认为，政策方案规划是政府机关针对特定的政策问题，依据一定的程序和原则确定政策目标、设计政策方案并进行择优选择的过程，这一过程的结果便是公共政策的制定。

2.4.2 政策方案规划的原则

政策方案规划的原则是政策方案制定者在规划活动过程中应该主动遵循的政策规划行为规范。规划原则主要体现在政策目标的确定过程中。综合各种观点，我们认为在政策方案规划过程中遵循下列原则是十分有必要的：

2.4.2.1 信息完备原则

信息是政策规划的依据和基础材料。从某种意义上，在现代信息社会，政策规划的过程就是信息的收集、整理、加工和处理的过程，政策规划的成效很大程度上依赖于信息的全面、具体、准确、及时。没有完备而准确的信息，就不会有科学的政策规划。信息越全面、准确，政策规划过程的深度和广度就越大。因此，充分占有信息是政策规划成功的根本保证。

2.4.2.2 系统协调原则

从系统论的角度看，任何事物都处在普遍联系之中，政策问题之间也是相互联系和依存的。政策问题的这种关联性要求政策规划者必须具有整体思维和系统观念，将整体与局部、内部条件与外部环境、眼前利益与长远利益、主要目标和次要目标结合起来进行综合考虑分析。此外，政策规划者在规划时还应注意使达成政策目标的各政策手段形成网络而相互协调，并考虑不同层次政策之间的纵向协调和不同领域政策之间的横向协调。

2.4.2.3 科学预测原则

预测是政策规划的前提，也是政策规划过程中的必要环节。预测就是由过去和现在推知未来，由已知推未知。政策规划是面向未来的，是在事情发生之前的一种预告分析和选择，具有明显的预测性。对事物未来的发展趋势及其结果的正确与否做出判断，在很大程度上决定着政策的成败。没有预测或预测不科学，都会导致错误的政策。科学预测，就是在正确的理论指导下，按照科学的原则、程序和方法对未来情况进行估计的活动。实践证明，只有科学预测，才能保证所制定政策的正确性。

2.4.2.4 民主参与原则

民主不仅意味着对决策者的选择，还意味着对决策权的分享，前者使其得以具有现实性，后者是民主的本质要求。在政治生活中，要想真正实现民主，就必须通过各种制度化的渠道把公众纳入政治过程，并鼓励他们积极参与政策制定的每一个过程，包括政策规划。只有人人参与，群策群力，相互补充，才能规划出科学而有效的政策。

2.4.2.5 可行原则

可行原则是政策制定者必须遵守的基本原则。它要求政策制定者在政策方案规划过程中，要对某项要制定的政策方案在社会中是否切实可行和是否行之有效做出各种分析论证，以确认政策方案是否符合客观实际，具备实施的现实可能性。这种现实可行性是多方面的，包括政治、经济、技术、法律和社会伦理道德等方面的可行性。

2.4.2.6 创新原则

创新原则要求政策方案规划必须要有新意，不能简单重复和模仿，不能因循守旧和消极保守。一方面，政策规划者在进行那些以科学新发现、知识新组合和新思想观念为基础的真正意义上的创新规划时，要积极面对全新的问题，敢于接受挑战、承担风险。另一方面，政策规划者在对待那些具有渐进意义上的一般规划和例行规划时，要有超前意识，积极考虑原先政策基础上的创新。事物总是在不断地运动、变化和发展，坚持创新原则，才能使政策规划在历史的潮流中不滞后。

2.4.3 政策方案规划的程序

在分析政策方案规划的程序之前，我们有必要来认识理解公共政策制定过程这样一个概念。

综合国内外各知名学者的观点，对公共政策制定过程的认识可以分为两类：

一类是广义上的公共政策制定过程（又称“公共政策过程”），从政策问题的确认开始，一直到政策评估和政策终结为止；

一类是狭义上的公共政策制定过程，是指从确立政策目标到抉择政策方案的过程。

前者站在宏观角度，关注从问题确认到政策终结这样一个完整周期；后者站在微观角度，研究从确立政策目标到抉择政策方案的微观过程。二者的关系见图 2-1。

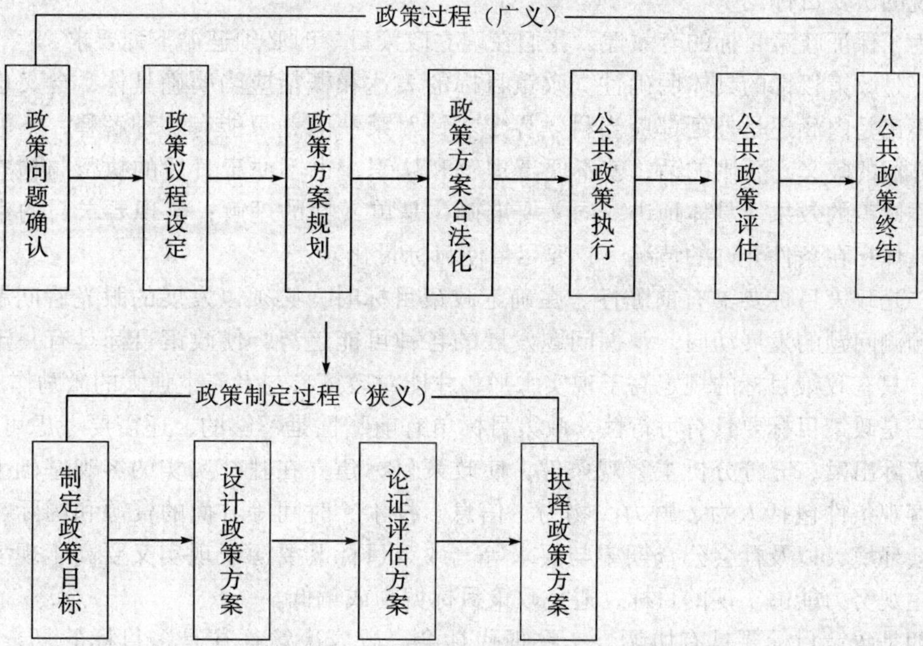

图 2-1

本书的政策方案规划采用的是狭义的概念。我们在前面两节已经分析了问题确认和政策议程的构建，现在要讨论的是具体的公共政策的制定过程。换句话说，我们把政策问题确认、政策议程设定、政策方案规划、政策方案合法化都纳入了政策的制定分析中，其中只有政策方案规划才是一个具体的公共政策的制定过程。至于政策执行、政策评估、政策终结，我们将会在后面章节学习。

政策方案规划由一系列相互关联又相互区别的环节组成，分别是：确立政策目标、设计备择方案、论证评估方案、抉择最优方案。

2.4.3.1 确立政策目标

（1）确立政策目标的意义和作用

制定公共政策首先要确立政策目标。政策目标是政策制定者希望政策实施后解决政策问题达到的某种效果或状态。政策目标具有十分重要的作用，主要体现在：政策目标是政策方案设计和优选的基础依据，是政策方案执行的指导方针，是政策绩效评估的参照标准。政策目标的确定是政策制定的根本出发点和落脚点。因此，政策目标的确立是一项必须慎重的工作，只有合理有效的政策目标才能够起到方向性、指导性的作用。如果政策目标错误，就会导致决策失误。错误的公共政策，甚至还会给经济、政治与社会带来严重的负面影响。

（2）保证政策目标有效性的要求

政策目标的有效性取决于两个主要环节：一是政策目标的设计正确，二是不同的参与者对政策目标的共识。没有认清政策目标，就设计政策方案，很难避免失误。必须对政策目标进行深入、全面地分析，分清什么是必须实现的主要目标，什么是尽可能实现的次要目标。

为了保证政策目标的有效性，我们在确立政策目标时必须遵循下列要求：

一是政策目标的具体明确性。政策目标的表达和概括应当明确具体，含义也要清楚，不论是内涵还是外延都应当科学界定。针对某一问题只能有一种解释，不能产生理解方面的歧义，否则的话，就不便于理解和认识，也不便于日后的执行与检查，从而影响政策的效果。具体地讲，词义要准确，是单义性的理解；实现要求与约束条件都应具体；在条件允许的情况下，要尽量使目标量化。

二是政策目标要具有前瞻性。在确定政策目标时，必须以发展的眼光看问题，科学地预测问题的发展动向，掌握问题发展的各种可能趋势，使政策目标具有一定的前瞻性。只有政策目标的规定高于现实水平，才能对政策参与者产生强大的激励作用。

三是政策目标要具有可行性。政策目标单有前瞻性是不够的，还需要考虑可行性。要从实际出发，充分分析主客观条件，使政策目标建立在扎扎实实的客观基础上。这些主客观条件包括人力、财力、物力、信息、技术、时间等方面的资源和国际、国内的社会环境，以及社会公众期望与要求等。政策目标既要源于现实又要高于现实，是经过主观努力能够实现的目标，避免政策目标偏高或偏低。

四是政策目标要具有协调性。在现代社会，政府决策往往是多目标的复杂决策，同时要实现多个目标，其中有主要目标，也有次要目标；有近期目标，也有远期目标；有经济目标，也有社会目标；有定性的目标，也有定量的目标；有相互补充的目标，也有相互对立的目标。政策目标的协调，是要强调多目标之间的一致性，巩固它们之间的同向性，减少它们之间的异向性，避免它们之间的冲突性。

五是要实现政策目标与手段的统一。现代政策系统是一个层次分明的等级系统。除有总体目标外，还有多个具体的子目标。在由总体目标到具体目标组成的分层目标结构中，实现上一级目标的手段，往往是下一级的目标，或者说下一级目标是上一级目标的手段，由此，便组成了一个复杂的目标——手段链。在政策制定过程中，既要避免目标异化为手段，或手段对目标的胜利；又要避免目标置换，不能用高层次的目标代替本层次的具体目标，也不能用本层次的目标干涉低层次的目标。

（3）确立政策目标面临的困难

经过前面的分析，我们知道了确立政策目标的重要性。但是，在实际操作中，政策目标的确立具有很大的难度。这些困难主要源于政策目标所蕴含的价值因素、政治因素以及多目标的冲突三个方面。

一是价值因素。政策目标在很大程度上取决于政策制定者的价值判断，这种价值判断使政策目标的认定过程带有强烈的主观色彩。政策目标到底为何物？这取决于社会群体及社会个人的价值观，具体来说取决于群体或个人在社会中的经济和政治地位、相关利益偏好、社会伦理道德、社会传统与历史等因素，其中，政策制定者的价值观对政策目标的确认发挥着决定性的作用。

二是政治因素。从某种角度上讲，公共政策是政治过程的产物，而不是个人行为的结果。因此，决策者从政治的角度出发，常常把政策目标弄得含糊不清。并且，各种利益集团也会从自己的价值观和利益需求出发，向决策系统施加压力，企图操纵政策目标的选择，增加了政策目标确定的难度。

三是多目标间的冲突。如前所述，现实的政策目标可能是一个多重的系统：在纵向上是多层次的，在横向上是多方面的。在政策目标系统中，主要目标和次要目标、长期目标和短期目标、定性目标和定量目标、经济目标和社会目标错综复杂地交织在一起，它们之间会有一定的冲突和矛盾，到底如何取舍，怎样分清目标的主次轻重，成为政策目标确定的一个难题。

(4) 确立政策目标的途径与方法

①价值分析

第一，价值判断构成确定政策目标的基本前提。

第二，价值观是由复杂的历史、地理、心理、文化和社会经济因素所决定的超理性或非理性的东西，而不是合乎理性的思考结果。生活环境、家庭、学校、生活小圈子、文化、职业、社交等都是价值观形成的土壤。从价值分析的角度来讲，价值的原表征是这些土壤所产生的基本信念，加上系统选择、资源分配优先顺序、目标、系统意向、领导和管理风格、以往的政策、广告宣传、观察到的一定的领导偏差等。

第三，价值分析中主要涉及的是：政策及其目标的价值含义、价值的一致性，绝对价值和相对价值，对明确价值观可行性的限制，价值组合、价值冲突以及价值观的加强与改变。

第四，为明晰目标而作价值分析，通过这一途径主要解决的是目标反映谁的价值观，目标受众的利益等问题。

第五，价值观是非理性的。当前可以利用的最好方法是：对上述提到的各种价值表征进行行为研究、对作为规范性的价值系统即社会政治意识形态进行分析、决策分析、预测分析、面谈等。

②政治分析

影响政策目标的政治因素包括决策者的政治立场和政治需要以及各种利益团体的政治诉求。面对关乎切身利益的党派之争，政策制定者会弄清他们自己的政治立场、政治需要和政治观点。利益集团对政策目标的确立影响很大。在西方社会，许多决策者是利益集团的代言人，因此经利益集团相互妥协后确定的政策目标未必能实现社会福利最大化或真正反映公共利益。

③处理多重及冲突的目标

处理多重及冲突的目标是政策目标确立过程中的又 难题。如果政策目标在这个问题上存在争论，那么就应该努力寻找一个能取得共识的更高一级或更一般性的目标。

2.4.3.2 设计备择方案

备择方案是指决策者用来解决政策问题、达成政策目标的手段、措施或办法。依据政策目标设计政策方案是解决政策问题的关键性步骤。如果说问题界定是为了发现问题“是什么”，目标确立是为了确定“做什么”，那么，设计备择方案就是解决“怎么做”的问题。

一般而言，备择方案的设计可以分为两个阶段，第一阶段是进行政策方案的轮廓构想，第二阶段是对政策方案加以细化。

（1）政策方案的轮廓构想

政策方案的轮廓构想就是要从不同的角度设计出多种可以实现政策目标的思路和轮廓，它是设计备择方案的第一步，也是政策方案规划过程中的关键一步。政策方案的轮廓构想主要解决两个方面的问题：一是确定要实现既定的政策目标，可能的方案数量能有多少；二是将各方案的轮廓勾画出来，并进行初步设计，内容包括行动原则、指导方针、发展阶段等方面。

在进行政策方案的轮廓构想进程中，要遵循下列要求：

第一，政策方案要符合目的性。具体是指方案设计时要在对达到目标的各种条件进行客观分析的基础上，明确规定政策方案与政策目标之间的对应关系，即不同方案在政策目标实现方面的作用和所处地位的明确表示。简言之，政策方案必须符合政策目标的基本要求并为之服务。

第二，政策方案要具有整体上的全面性与多样性。为保证初步方案的多样性和丰富化，必须设计出多个具有可行性的备择方案。只有备择方案较为完备和丰富，优化抉择阶段才有挑选的余地。在政策科学中，人们习惯把只有一个备选方案、没有其他选择余地的决策条件称为“霍布森选择”。而在政策方案设计的过程中，我们要避免它。正如管理学的一句名言所表示的那样：当看上去只有一条路可走时，这条路往往是错误的。

第三，政策方案之间要彼此互斥。初步设想的不同政策方案之间必须是互相排斥的，在内容上不能有雷同。这些情况都不符合互斥性的要求：甲方案的措施包含在乙方案之中，或者两个方案是解决一个问题的两个因素，或者乙方案是甲方案的具体化等。

第四，政策方案要有创新性。政策问题的出现就已说明原来的政策措施已经无法适应社会发展的需要了，要解决政策问题必须要有新的思路、开辟新的途径、制订新的方案。

（2）政策方案的细化设计

在政策方案轮廓设想阶段，暂时撇开了对有关细节的考虑，以减少对创造性思维的束缚。但经过这一步所得到的结果往往只是粗线条的方案雏形，尚未构成一个完整的方案。因此，要构造富有实用价值的具体方案，还要进行严谨的细节设计。

政策方案的细化是对初步设想的方案进行具体加工，使之成为决策时讨论的对象。在进行政策方案的细化时，要做好两方面的工作：一是对在轮廓设想阶段初步提出的方案加以筛选，二是对初步筛选出的方案进行加工细化。

在方案细化的过程中，我们要遵循以下原则：

第一，实用性。设计出来的方案细节，对现实政策问题的解决有实际的价值，能够确保政策目标的实现。

第二，可操作性。细化设计阶段要对保留下来的方案进一步具体化，要对政策方案的目标体系、实施措施、相关机构设置、实施人员的素质要求、政策执行的资源保障等方面进行详细考虑。具体方案所规定的政策手段、方法和步骤，不是抽象的理想原则，而是具体的、可行的、具有可操作性的方法或程序。

第三，细致性。如果说大胆寻找阶段特别需要勇于创新的精神和丰富的想象力，那么细化设计阶段就需要冷静的头脑和坚毅的精神。因为这里需要反复的计算，严格的论证和细致的推敲，还需要经得起质疑者的挑剔。

2.4.3.3 论证评估方案

设计出各种政策方案之后，就要对它们进行评估和论证。一般而言，政策方案评估包括价值评估、效果评估、风险评估和可行性评估。其中，可行性评估是重点内容。

（1）价值评估

这主要是对政策方案进行价值分析。它所要解决的主要问题是：为什么设计这一方案？与政策目标是否一致？为了谁的利益？期望达到什么样的效果？优先考虑的问题是什么？值不值得为这些目标去奋斗？要对这些问题进行论证和评估，就必须对政策目标产生的背景和现状进行分析，从而确定其价值所在。

（2）效果评估

这是对一个政策方案将会产生的效果进行预测和分析，来决定该政策方案的取舍的过程。政策效果既包括正面效果，又包括负面效果；既有经济效果，也有社会效果；既有物质方面的效果，也有精神层面的效果。要对产生的各种效果进行综合评估、权衡利弊，来选择那些能产生积极、正面、预期效果的政策方案。

（3）风险评估

不同的政策方案有着不同的风险程度，必须对各个备择方案风险的强弱程度、防范性措施的准备程度进行预测评估，以选出那些在类似条件下风险相对较小的方案。通过风险识别和预测去衡量风险的程度，对方案的风险成本做出科学的预测。

（4）可行性评估

根据帕顿和萨维奇的观点，政治可行性、行政可行性、经济可行性、技术可行性、法律可行性是影响政策目标实现的重要因素。

第一，政治可行性。公共政策形成于政治舞台，必须接受政治考验。如果一项政策得不到决策者、政府官员、利益集团或者普通公众的认可，那么该政策被采纳的可能性就很小。即使被采纳了，成功执行的可能性也很小。

第二，行政可行性，也称行政管理的可操作性。作为政策方案评估的基本标准之一，行政可行性的重要性在于：如果一项政策在技术上、经济上、政治上都是可行的，但在行政管理上却不能加以贯彻执行或难以贯彻执行，那么这项政策的优点就会大打折扣甚至毫无用处。行政可行性的具体标准包括：权威、制定约定、能力、组织支持等。

第三，经济可行性。经济可行性包括两方面的内容：一是某一备择方案占有和使用经济资源的可能性，进而实现政策目标的可能性；二是实施某一备择方案所花费的成本和取得的收益比较是否划算。政府的政策资源是有限的，任何政策方案占有和使用的经济资源也是有限的。因此，任何一项公共政策都存在一个争取公共经济资源的问题。

第四，技术可行性。即从技术的角度衡量公共政策是否能够实现预期的政策目标。包括两层含义：一是是否具备实施某项政策方案的技术手段，使政策目标的实现成为可能；二是在现有的技术水平或方法论上实现政策目标的可能性有多大，即在多大程度上实现政策目标。

第五，法律可行性。即政策方案要符合宪法和法律的规定。正如人们常说的那样，存在的就是合理的，但合理的事情不一定合法。许多具有合理性的方案，事实上并没有法律的支持。而一旦违反了宪法和法律的规定，就必然是不能采纳的。

2.4.3.4　抉择最优方案

经过政策目标确认、政策方案设计和政策评估论证之后剩下的多个备择方案，并非都能被决策者一一选中并加以执行。通过系统的分析与评价，决策系统只能选择或综合出一种最理想的方案，这个过程就是政策方案的优选或政策方案的抉择。到这一步，专家的“谋”就基本结束，这一程序需要法律意义上的政策制定者来完成，也就是政府官员或其他政策主体进行“断”。

当然，政府官员的“断”也不可能完全离开专家的“谋”，它仍然需要在专家的建议下决断，做出方案的抉择。但需要注意的是，此时政策制定者需要以自己特有的敏锐，根据自己的工作经验和政治体验，独立自主地做出判断，不能为专家左右。因为专家也有其局限性，专家的意见更多是技术性的、理想化的，有时与实际的政治情况也有出入，因此，最后如何决定还是要决策者自己来决断。

择优也应该遵循一些要求和标准：①符合国家的总政策和基本政策。在我国，政策方案选择必须符合宪法和基本法律，符合国家基本政策。②服务于国家进步和社会发展的长远利益，不能只考虑眼前利益。③政策风险尽可能小，政策收益尽可能大，政策成本应小于收益。④对生态环境没有恶劣影响和破坏。⑤政策的标的人口能够不反抗政策，不破坏社会的稳定。⑥政策具有政治、经济、文化、技术、伦理和社会等可行性。

总之，经过政策抉择之后，政策制定阶段基本结束，但政策方案不能马上付诸实施，必须经过特定的程序使之获得合法的地位，这就是政策方案的合法化。我们将在下一节进行详细讲解。

2.5　公共政策合法化

2.5.1　公共政策合法化的内涵

对于“公共政策合法化”这一概念，有广义和狭义两个角度去理解。

2.5.1.1　广义的公共政策合法化

从广义角度来看，一般认为，能够被公众认可、接受、遵从和推行的政策就是具有合法性的政策，而使政策能够被公众认可、接受、遵从和推行的过程就是公共政策的合法化过程。公共政策学家查尔斯·O. 琼斯从广义的角度来理解，他认为：在任何政治系统中，均存在着两种层次的政策合法化，第一层次为政治系统取得统治正当性的过程，第二层次为政策取得法定地位的过程。其中，政治系统合法性是公共政策合法性的基础，公共政策合法性是政治系统合法性的手段。

2.5.1.2 狭义的公共政策合法化

从狭义角度来看，主要偏重于从法律角度来解释公共政策合法化这一概念，它包括决策主体合法、决策程序合法、政策内容合法等。

(1) 决策主体合法。要保证公共政策合法化，其前提是决策主体及其决策权力的合法化。决策主体的组建及其享有的各项权力是宪法和法律规定的，是由国家权力机关或上级行政机关授予的。政府的决策权力在来源方式上根本不同于公民权力，在现代法治政府的构架下，对于前者而言，“法无明文授权，政府不得为之”；对于后者而言，则是“法无明文禁止，人人得而为之”。决策主体依法组建、依法获得授权，这是公共政策合法化的前提条件。

(2) 合法的决策程序。程序之所以重要，主要是因为它是规范决策主体行为的有效途径。如果没有程序做保证，公共政策的制定就很有可能演变为随机性行为，使个人或少数人的意愿凌驾于组织目标之上，个人行为代替组织行为，这绝不是什么好现象。从实质合理的角度而言，我们并不否认政治家能够做出英明的个人决断，但如果完全寄希望于决策者个人的英明伟大、道德高尚、行为自律和大公无私，是非常不可靠的，历史的经验证明了这一点。所以需要对程序做出必要的规范，使之符合法律的要求，以更完善的形式合理抑制可能产生的实质的不合理。

(3) 合法的政策内容

政策内容的合法性主要是指公共政策不能与国家宪法和现行法律相抵触，公共政策在内容上不仅需要符合有关的法律原则，而且还要符合法律的具体规定。为了做到这一点，不仅需要在决策过程中把备择方案与相关的法律法规相对照，而且需要充分发挥司法机关的审查作用。必要的话，还应考虑在政策制定过程中建立专门的法律审查程序。

2.5.2 公共政策合法化的程序

公共政策合法化的程序是指政策方案获得合法地位的步骤、次序和方式。不同的政策方案，不同的合法化主体，往往会导致不同的合法化程序，这也说明了政策合法化的程序具有相对性的特点。

2.5.2.1 立法机关的政策合法化程序

立法机关是国家权力机关，其政策合法化一般有以下程序：

(1) 提出议案。议案是各种议事提案的总称。按照立法机关的议事规则，提出议案的同时不一定要提出法律或政策的具体草案。但政策合法化是将已经通过政策规划而获得的政策方案提交立法机关审议批准，因此，提出议案的同时也就提出了相应的政策方案。

（2）审议议案。议案审议即由权力机关对议案运用审议权，决定其是否列入议事日程，是否需要修改以及如何进行修改的专门活动。对列入议事日程的政策方案的审议，主要围绕下列内容展开：是否符合政治、经济、文化和社会发展等的需要；是否具有必要性和可行性；是否符合法律和公共利益；征询和协调有关方面的意见和利益；名称、体系、逻辑结构、语言表述等具体问题。

（3）表决和通过议案。经过表决，政策方案如果获得法定数目以上人员的赞同、同意、肯定，即为通过。议案一般采取过半数通过原则，有关宪法的议案一般要三分之二以上的绝大多数通过。有些国家在某些情况下，对议案还要进行全民公决。

（4）公布政策。政策方案表决通过后，有的还需要经过其他机关或其他形式的批准、认可后，才成为正式的公共政策。但此时的政策还不能立即执行，还得经过公布程序。公布权不一定都属于立法机关或权力机关，如在多数国家，法律由国家元首公布。

2.5.2.2 行政机关的政策合法化程序

行政机关政策合法化程序与政府决策的领导体制紧密相连。领导机制的不同往往导致政策合法化程序的差异。我国1982年宪法明确规定，从中央到地方的各级行政机关实行首长负责制。在此体制下，我国行政机关的政策合法化要经过下列程序：

（1）法制工作机构的审查。目前，我国县级以上各级人民政府都设置了专门的法制工作机构，其重要职责之一是审查政策方案的合法性。相关行政部门拟定政策方案后，一般先由法制工作机构审查，通过后再报领导审批或领导会议讨论决定。法制工作机构对政策方案进行审查具有重要意义，它可以保证政策符合法律的要求，不会与现行法律发生冲突。但法制工作机构的审查只是辅助性的、咨询性的。

（2）领导决策会议决定。一般性的政策方案由主管部门的行政领导拍板后决定；重大的政策方案则要召开领导常务会议、全体会议或行政首长办公会议讨论，由行政首长行使最后的决定权。我国不采取委员制的一人一票的少数服从多数的办法，而是大家畅所欲言，集思广益，充分发挥集团智慧的作用，对于应该做出决定的问题，由行政首长最终决定。

（3）行政首长签署发布政策。行政首长负责制的主要内容是，行政首长在各级政府机关中处于核心位置，拥有最高决策权和领导权。本级政府制定的政策，由行政首长签署发布；根据规定需要上报审批的政策，则应上报审批后发布。

2.5.3 公共政策法律化

政策法律化，就是政策向法律的转化。具体地讲，是指享有立法权的国家机关依照立法程序和权限，把一些经过实践检验的、比较成熟和稳定的、能够在较长时间内发挥作用的公共政策上升为法律。政策法律化实际上是一种立法活动，所以又被称为政策立法。

政策法律化的主体有两类：一是享有立法权的立法机关，二是享有委托立法权的行政机关。

政策法律化应具备以下条件：

对全局有重大影响的政策可以上升为法律，使之纳入法制轨道，以更好地保障其作用的实现。

具有长期稳定性的政策可以上升为法律。法律是稳定、严肃和具有权威性的，不能朝令夕改。

只有比较成功的政策才能上升为法律。一般性的政策与法律相比，对客观需要的反应更为灵敏，具有较强的伸缩性和灵活性，易于在实践中不断修改和完善；而法律是刚性的，相对规范，其制定、修改、补充或废止都有经过严格的程序。法律的稳定性与政策的灵活性决定了一般性的政策只有经实践反复检验与不断修正，被实践证明是行之有效的时候，才具备上升为法律的条件。

3 公共政策的执行分析

3.1 公共政策执行的理论研究

从政策过程的观点来看，政策方案一旦经过合法化并公布之后，就进入了执行阶段。政策执行作为政策过程的中间环节，是将政策目标转化为政策现实的唯一途径，由此可见政策执行的重要性。在对政策执行进入分析之前，我们首先探讨了学术界对公共政策执行的理论研究情况，在此基础上，在以后几个小节中进行全面的政策执行分析。

3.1.1 公共政策执行研究的缘起

公共政策执行是政策过程的重要环节，是实现政策目标和解决政策问题的直接途径。然而，在过去西方政策学发展的相当长的一段时间里，政策执行并没有引起政策学家们的注意，人们更多地关注政策的制定而忽略了政策的实际执行。政策科学被认为是研究政策制定的科学，人们片面地认为制定政策是解决政策问题的关键。用美国学者冈恩的话来说就是：传统的政策分析只关注政策形成，而将政策执行留给了行政人员。人们通常将政策执行看作是政策过程中一个不重要的环节，认为只要政策一出台，就会理所当然地得到贯彻执行而取得理想中的效果。

直到20世纪70年代，美国学术界开始对忽视政策执行的现实进行反思，在政策执行研究的开山鼻祖威尔达夫斯基和普雷斯曼等人的倡导下，西方尤其是美国公共政策研究领域出现了一股政策执行研究的热潮，形成了声势浩大的“政策执行运动”。

但政策执行研究的兴起并非偶然。从实践上看，20世纪60年代中期，约翰逊连任总统后发起了“伟大社会”改革，试图通过一系列重要计划项目的实施，给少数民族（尤其是黑人）提供更多的永久性职业，然而事与愿违。约翰逊政府所推动的“伟大社会”改革计划的许多项目都没有取得预期的结果。这不仅产生了政府的信任危机，也造成了民众对政府政策制定与执行的有效性的质疑。人们（尤其是政策研究者）开始思考这样一些问题：为何那些庞大的、看起来具有美好前景的计划不能取得预期的令人满意的结果？为何政策设想与现实结果之间会产生如此巨大的反差？

普雷斯曼和威尔达夫斯基通过对项目之一“奥克兰计划”的执行进行跟踪研究，于1973年合作出版了《执行：联邦政府的期望在奥克兰市的破灭》一书。他们指出，“奥克兰计划”的失败并非是这一公共政策的内容有政治上的争议，也不是由于资金的不足，而在于这一政策的执行方式存在着问题，尤其是“联合行动”的困难。他们进一步指出，要想使政策科学成为行动的科学而不仅仅是理论科学，就必须重视政策执行问题，不仅要重视政策执行本身，而且应当在政策执行与政策制定之间建立起密切的联系。正是这本以政策执行为主题，并进行全面案例跟踪研究的开创性著作的出版，使政策研究领域产生了一个重大的转向，它引发了更多学者对政策执行的关注与兴趣，以至于形成新的热潮。

除上述的实践原因以外，西方政策执行研究的兴起还有其深刻的理论背景。西方传统公共行政理论坚持行政活动与政治活动相分离，认为执行是政治活动与决策的后继。古德诺、威尔逊等人把政治视为国家法律与公共政策的制定领域，而把行政视为法律与政策的执行领域，强调行政人员要恪守“价值中立”原则，不干预政治事务。在“价值中立”口号下，行政人员日益失去对自身工作的责任感，缺乏应有的主动性和积极性，因为任何个人都无需对公共行政活动真正负责。在传统公共行政范式的影响下，行政人员的政策执行自然不可能受到重视。20 世纪 60 年代以伊斯顿、达尔等为代表的后行为主义政治学家向行为主义发起挑战，强调政治活动的价值取向，倡导民主主义。随后，以弗雷德里克森为首的一批青年行政学者掀起了一场行政管理的改革运动，提出“新公共行政学”概念，抛弃政治—行政二分法的观点，强调社会公平原则，主张政府官员应放弃表明的中立，致力于保护并促进社会中无特权群体的利益。分权、权力下放、项目、政治发展、责任扩大、冲突和顾客至上成了新公共行政学发现组织问题的一些基本概念。公共管理论者则强调有效的政府绩效，认为除了政策分析和制定以外，更重要的是需要经过政策执行过程训练的公共管理人员在行政组织的各个层次进行有效的政策执行。这样，公共管理的重心由政策规划及分析转到了“政策执行的管理”。公共管理研究范式的转换和公共政策科学研究视野的拓宽，在理论上要求对政策系统和政策过程的各种因素和环节做全面深入的研究。

最终，在理论和实践的双重作用下，政策执行在 20 世纪 70 年代后成为美国及西方政策科学研究的一个焦点和热门话题。这一时期的政策研究学者们做了大量的实证案例分析，出版了大量著作，提出了各种关于政策执行研究的途径、理论和模型，拓展了政策科学的研究范围，丰富了政策科学的研究内容。

3.1.2 公共政策执行研究的基本途径

纵观西方“执行运动”持续的这些年里政策科学家们写出的大量的关于执行研究的文献，其所提出的政策执行研究的途径主要有以下几种：

3.1.2.1 自上而下的途径

自上而下的研究途径是政策执行研究的第一代，从本质上仍然是循着以前的老路子，即尽管开始了对执行的关注，但心中却围绕着“如何能让一个好的政策得到完美的落实”，所以它对执行的关注仍然是以制定为中心，即执行只不过是使“制定出”的政策得以落实，因此这一时期的主要特点是“政策制定与执行的分离”。自上而下模式的关注点在于如何控制和管理政策执行者以保证政策准确无误地被执行，以及政策执行组织的内外情境是否影响了达到“完美行政”的状态。

自上而下的研究途径也存在着一些固有的缺陷：研究以完美的政策制定为前提，但在现实的政策实践中，完美的政策制定是很难实现的；同时，行政组织对政策执行官员的严格控制是不可能的，自由裁量不可避免。而最大的局限在于政策制定与政策执行的理论区分，在执行过程中无法维持，因为政策是在执行的实际过程中被不断修正的，政策的制定过程常常是在执行过程中得到延续。

3.1.2.2　自下而上的途径

自上而下的研究因其固有的缺陷而受到许多学者的批判，人们将研究的目光从中央政策的制定转向了政策执行过程中基层行动者的活动，开始了政策执行的第二代研究，形成了自下而上的研究途径。自下而上的研究是以行动为中心的研究，强调政策制定与执行的互动，关注基层的政策执行过程，被称为“草根途径”，倾向于把政策制定与执行看作是一个连续的统一体。有关的主体并不是单纯地接受和执行政策，相反，他们会对政策进行解释，并对政策进行再创造，甚至有些政策的变化本身就是执行者与制定者之间“合作生产”的结果。自下而上的研究途径关注两点：基层官僚的作用和执行结构中的多元主体互动。

自下而上政策执行研究以对自上而下研究取向的批判为起点，以克服和修正其内在缺陷为己任，通过政策制定者与政策执行者平行互动的合作关系的建构，在动态意义上推进了政策执行的研究；通过强调为基层官僚或地方执行机构提供一个自主的政策执行空间，重新建构更为有效的政策执行过程；通过对政策执行过程中各种利害关系人的研究来了解他们对政策执行的影响。但是，自下而上的政策执行研究同样存在着不足：过分强调或高估了地方基础的目标、策略与行动能力，忽略了民主政治系统中政策领导和政治责任的归属问题；将政策过程视为一个无缝之网，因而没有决策点，没有始终。同时，由于放弃了政策形成与执行的二分法，使人们很难区分政治家与文官的相对影响，故而排除了进一步分析民主负责和官员自由裁量这个问题的可能性。

3.1.2.3　整合研究途径

自上而下和自下而上两种研究途径各有利弊，两者的针锋相对在相当程度上是由于各自为了证明自己的观点而将对方视为假想敌，却忽视了两者之间所存在的相辅相成的性质，结果使双方的研究都无法跳出狭隘的视域而向前推进。

自20世纪80年代中期起，一些学者开始理性地分析和对待先前的研究，努力将这两种不同的研究取向进行整合，以期在政策执行的研究领域有所突破。至此，政策执行的研究进入了第三代，即整合型研究阶段。

从严格意义上讲，整合型研究至今尚未形成较为完备统一的体系，存在着众多的分支。但这种整合已成为一种潮流或趋势，表现在：①对自上而下和自下而上的研究成果达成了共识，在肯定其成果的同时也清楚地认识到了两者的局限；②在研究方法和理论工具等方面更具多样性。大规模研究、府际关系、治理理论、政策网络、制度分析、理性选择、统计和计量方法等被广泛使用，有助于对政策执行问题的综合考量；③许多原先持自上而下或自下而上研究取向的学者也纷纷重新审视自己原来的研究，并吸纳其他理论的合理要素，对自己的理论进行修正。

第三代的整合型政策模式正在发展中，尽管它们有“整合”的倾向，但在理论关注点上却存在着较大差异。事实上，有学者反而认为自上而下的模式与自下而上的模式完全可以并行不悖，形成互补的关系，没有必要也很难建立起整合型的执行模式。

总而言之，西方政策执行研究的兴起与发展，将人们长期忽视的政策执行环节纳入了政策科学的视野，拓展了政策科学的研究范围；他们从不同的途径，依据不同的取向探讨政策过程，提出了种种新的模式和理论，极大地丰富了政策科学的内容；对影响政策有效执行的各项因素及其相互关系的系统分析，为政策实践提供了强有力的理论支撑和智力支持，提升了政策绩效。不过，从政策实践的角度看，政策执行失败依然是世界各国政府挥之不去的困扰之一，这就对理论的深化与发展提出了迫切的要求。

3.2 公共政策执行概述

3.2.1 公共政策执行的概念

政策执行是公共政策过程中的实践环节，就是将已经制定好的政策方案的内容付诸实践的过程，是政策执行主体为达到预期的政策目标所做出的全部活动的总和。

对于政策执行的含义，政策学家们从不同的角度作了界定，长期以来学术界形成了行动理论、组织理论和博弈理论三大流派，它们分别从三个不同角度和侧面对政策执行进行了描述。

3.2.1.1 行动理论学派

行动学派的主要代表人物查尔斯·奥·琼斯认为：“政策执行是将一项政策付诸实施的各项活动，在诸多活动中，尤其以解释、组织和实施三者最为重要。所谓解释就是将政策的内容转化为民众所能接受和理解的指令；所谓组织就是指建立政策执行机构，拟定执行的办法，从而实现政策目标；所谓实施就是由执行机关提供例行的服务与设备，支付经费，从而完成既定的政策目标。”可见，行动学派关注政策作为行动指南的指导性作用，强调政策执行的关键问题在于政策执行机关如何采取政策行动，强调政策行动只要坚强有力，行动方法切实可行，就可以较为顺利地实现政策目标。合理的政策执行活动甚至在一定程度上可以弥补政策决定的局限和无能。

3.2.1.2 组织理论学派

组织理论学派强调政策执行组织机构的作用，认为任何政策都是通过一定的组织得以实施的。没有一定的组织机构做依托，没有一定的组织原则做保证，任何政策目标都只能停留在纸上谈兵的政策构想阶段。因此，该理论认为，尽管政策执行不力的原因是多方面的，但政策组织问题是恒定的关键原因之一。组织理论学派的代表人物J. 福瑞斯特提出：“传统的政策执行规范理论强调政策执行机构及其人员对政策目标及政策规定的顺应行为，强调依法行政，而基本上不考虑政策执行机关及其人员的审视检定、自省以及前瞻性分析的能力和需求。但政策规划者、政策执行机构和人员的预期分析能力，即在危机事件或事态发生之前预感并相应采取适当步骤和程序加以有效对付的能力，实际上是对政策执行成功与否起最关键作用的因素。”组织理论学派认为，政策能否有效执行，关键在于执行机构的主客观条件。主观上要看能否理解和领会政策，是否具有执行的积极性；客观上要看是否拥有足够的资源，是否拥有足够的执行能力。

3.2.1.3 博弈理论学派

博弈理论认为，公共政策的本质是运用权威性的规范对社会利益进行协调，因此公共政策执行过程就是政策执行主体与政策目标群体在相互作用中对利益加以选择、追逐、交易和谈判的过程。在此基础上，博弈理论的代表人物 E. 巴特什认为，公共政策执行的核心在于控制，整个执行过程是在议价、劝服和策划这三种不稳定的条件下进行的。他把公共政策执行看作一种赛局，它包括竞赛者（公共政策执行人员和相关人员）、利害关系、策略与战术、竞赛的规范（取胜的条件）、公平竞赛的规则、竞赛者之间的信息沟通性质和所得结果的不稳定性程度等要素。而公共政策执行的成功，取决于参加者的策略选择。

这种观点是将公共政策执行看作是一种交易过程，政策执行过程就是政治上讨价还价的过程。在政策执行中，政策制定者、政策执行者、目标群体之间需要经过一系列的政治交易。各种力量在互动中达成某种妥协、退让、默契。在政治交易的情况下，公共政策的目标与方案的重要性与可靠性都要大打折扣。因为政策目标和方案原先是以政策制定者和政策执行者都讲究理性为假设条件确定下来的。一旦在实际执行中出现了政治交易，目标与方案就会出现某种程度的曲解。

上面三种对公共政策执行含义的理解都有其片面的地方，但也有合理之处，我们需要将这三者结合起来考虑。因此，我们认为，公共政策执行应当是政策执行者有选择的、有组织的、复杂的行动过程。政策实施中的有选择性表明，政策执行既与执行者的能动性有关，也是基于利益的选择。政策执行的有组织性表明，政策实施必须要有专门负责的组织来负责，政策执行必须有序进行。政策执行的能动性表明，政策实施既是政策规范运用于实践的过程，也是一个精心操作的过程。

3.2.2 公共政策执行的特点

作为政策过程的一个重要阶段，政策执行不仅表现了政策过程各个阶段所具有的共性，而且还具有其自身的特殊性。具体而言，政策执行主要有以下几个特点：

3.2.2.1 目标性

政策执行的一切活动和全部过程都是为了实现政策目标，具有明确的目标性。执行者无论采取什么样的具体方式和手段，都必须为实现特定的政策目标服务。政策目标具有规定性和统一性，除了实践证明政策目标有重大失误，必须通过追踪决策予以修正以外，一般而言，政策执行主体均无权随意改变政策目标，自行其是；否则，将导致政策运行过程和社会生活出现重大紊乱。

3.2.2.2 经常性

公共政策执行是国家行政机关及其行政人员的日常大量的活动，是一项经常性的繁重工作。绝大多数公共政策执行不是一蹴而就的，而是多次的反复，有些常规性的决策还得常年重复或阶段性重复执行。这也是政策执行不同于政策制定的地方。

3.2.2.3 务实性

政策执行是一种实施性质的活动，其实质在于解决各种具体问题，是实践性、服务性的活动。执行过程中的组织、协调、沟通、控制等一系列前后密切衔接的环节，都涉及人力、物力、财力和信息的调配与落实，需要采取必要的行动来落实，空谈是不能解决问题的。

3.2.2.4 强制性

公共政策的制定是以法律法规为依据的，具有强制力。因此，要求政策执行应不折不扣，不准讨价还价，不准依兴趣爱好而有选择地执行。当然，由于政策环境的复杂性和客观条件的多变性，政策执行需要审时度势，因地、因时制宜，因势利导；具体问题具体分析，灵活实现公共政策；注意强制性与灵活性相结合。

3.2.2.5 时效性

行政执行有很强的时限要求，行政执行必须做到果断、快速、高效、及时，保证行政执行的高效率。这就意味着对随意性的限制和对权力的制约。政策执行的时限性克服和防止了政策执行主体行为的随意性和随机性，为这些行为提供了外在标准，使之不能任意妄为。同时，政策执行的时效性为政策参与者提供了统一化、标准化的时间标准，克服了行为的个别化和非规范化，从而使政策执行行为在时间上连贯和衔接，避免行为各环节的中断。

3.2.3 公共政策执行的原则

政策是否成功与有效，在很大程度上取决于是否有科学的执行，而科学的执行又离不开正确的原则指导，主要表现在：

3.2.3.1 严肃与变通相结合原则

一方面，政策是由法定机关制定的规范人们行为的准则，必须认真、全面、坚定不移地贯彻执行，而不允许打折扣、借故拖延，或采取“上有政策，下有对策”的那套阳奉阴违的做法，特别是其精神实质、要求和目的都不得随意改变。在政策实施过程中，如果发现某些政策规定有明显不适当的地方，应通过正常渠道向上反映，但在未征得上级机关同意的时候，任何组织或个人均无权拒绝贯彻执行已经下达的政策内容。

另一方面，政策执行往往是长期和连续的过程，在这期间环境可能发生变化，一些新情况和新问题会出现，对此只有灵活地、适时地、正确地加以应付和处理，才能使政策方案顺利实施、目标顺利实现。所以，无条件地、绝对地只讲严肃而不讲变通也是片面的，尽管变通地执行政策不等同于替换或曲解原定的政策。

3.2.3.2 强制与宣传相结合

政策的强制性是由政策的本性决定的。凡是公共政策，无论是中央制定的，还是地方与基层政府制定的，其制定的主体和合法性的主体都是握有公共权力的政府机构。公共权力是具有强制性的权力，运用公共权力制定和实施的政策自然也就具有了强制性。但是，公共政策说到底是为了解决社会问题，是为了协调公众利益。公共政策的制定要依靠公众的参与，政策的实施也要充分依靠公众的积极参与。因此，在强调执行政策中的强制性这一方面时，还必须强调说服教育的原则。尽管政府制定的公共政策是为公众服务的，但是，就个人来说，人们未必能自发地认识政策的实质，从而也未必能够自觉地拥护政策。要让公众都能理解政策，并积极贯彻政策，就必须做好说服教育工作，让公众从个人、小团体的狭隘圈子中跳出来，认识政府制定和贯彻的科学性。合理性的政策是为大多数公众的根本利益、长远利益服务的，这样公众才能自觉维护政策，积极贯彻政策。

3.2.3.3 求实与创新相结合

政策执行应当讲究实际，要求执行机关和人员从具体环境、可能条件、可得资源和各种现实技术手段出发，循序渐进、量力而行，而不是好高骛远、求全贪快。另外，还要从政策过程中的规律出发，处理好政策实施中的宣传、计划、调整、评估、终止等各个环节、步骤的关系。但是，实事求是的执行政策不等于无所作为。在执行政策过程中提倡创新，就是要将旧状态、旧政策与新政策、新局面加以对照，以新的精神面貌去思考问题，以新的思路、新的措施去理解政策，并以创造性的方法去争取有利条件，克服不利条件，以保证政策落到实处。正如党的十二届三中全会通过的《中共中央关于经济体制改革的决定》中指出的那样：要解放思想，实事求是，一切从实际出发，把党的方针政策同各地区、各部门、各单位的实际情况密切结合起来，创造性地贯彻执行。

3.2.3.4 效率与效益相结合

现代社会，政策问题和政策环境都在不断变化和发展，因此政策也大多具有很强的季节性和时效性，这就要求执行机关在政策方案被采纳后尽快理解政策内容，迅速组织人员和物资，并及时行动。如果政策执行超过必要的时限或错过相应的时机，就可能使政策问题扩散和恶化，从而给国家、社会和人民带来损失。与此同时，政策执行还应注重经济和社会效益，要尽可能地给国民经济的发展带来有利的影响，给社会公众带来实际利益。政策执行时必须进行成本—效益分析，尽可能减少政策执行成本，提高公共服务水平和公共产品供给的质量和效率，从而提高政策执行效益。然而，执行时的高效率并不能自动带来高效益，视不同问题和目标，执行的方式和过程应有变化。也就是说，扩大效益不能一味图快，只有效率与效益相结合才是可取的做法。

3.2.3.5 民主原则

公共政策是对社会资源的权威性分配，反映的是大多数公民的利益诉求，因此政策执行必须坚持民主原则。这就要求：第一，政策执行的各种行为必须符合人民群众的意愿，切实做到以关心群众生活、解决社会问题为根本要求。第二，政策执行必须坚持公民参与。公民参与主要是指人民依据国家宪制所赋予的权利，采取一定方式和途径，积极主动地介入政策执行过程，从而影响政策执行的政治行为。第三，政策执行必须维护公民知情权，坚持政务公开，即公开政策执行的政策信息、执行程序、执行方式和执行结果，使公民能及时、具体地了解政策执行的各种情况，加强公民对政策执行的有效监督。第四，政策执行面对的是广大人民群众，其宗旨是为人民谋福利，实现社会公正。执行公正是执行主体责任与义务相统一的体现。

3.2.3.6 法治原则

政策执行坚持法治原则，有利于实现政策执行的法律化、制度化和规范化。政策执行必须依法定职权进行，遵守法定程序，并自觉接受法律、法规和政策的约束并依法承担执行责任，杜绝政策执行中的有法不依、执法不严、以权压人、人治代替法治等现象，从而防止政策执行权力的异化和腐败。法治原则的另一层含义，就是越权无效。即政策执行主体不能在职权范围以外行事，否则无效。这是对“执法守法”的反证。

3.2.4 公共政策执行的重要性和作用

3.2.4.1 公共政策执行在政策过程中的重要性

政策系统的运行是由政策制定、政策执行、政策评估等环节所组成的过程，这些环节构成了一个政策周期。公共政策目标的实现既依赖于正确的公共政策，更有赖于公共政策的有效执行，因此，政策执行在政策过程中处于十分关键的地位，只有政策得到了有效执行，政策目标才能够实现，否则，再好的政策也毫无意义。

公共政策执行的重要性从静态角度看，制定政策是为了解决一定的公共问题，如果没有政策执行，或者政策执行不当或不力，政策目标就只能是纸上谈兵，难以解决原有的公共问题，甚至可能使问题恶化。因此，只有政策完全或较好地执行，才能较好地实现预期目标。同时，与制定政策相似，政策执行同样是一个有自身结构、有一定模型、有一定程序，也有一定困难的过程。所以，从某种程度上讲，政策执行的重要性并不亚于政策制定的重要性，两者相辅相成。

公共政策执行的重要性还体现在实践的动态方面。首先，由于从制定政策到执行政策之间存在着一定的时间差，执行政策时的环境、条件与制定政策时的环境、条件相比会不断发生变化，这必然给政策的执行带来困难。其次，政策制定阶段所拟订的方案、计划，虽然经过反复论证，甚至经过一定范围的试验，但一旦进入大规模的政策执行阶段，原先潜在的问题、未预料到的问题就会渐渐显露出来，这必将给政策执行造成困难。最后，在政策执行过程中，公众、团体、政府部门会因为认识上的、实际利益上的差异而产生种种矛盾，甚至是冲突，也会造成政策执行的困难。所有这些都会使政策执行与政策制定脱节，甚至在执行过程中发生严重变形的情况。

3.2.4.2 公共政策执行在政策过程中的地位与作用

首先，政策执行是实现政策目标的中心环节。政策执行决定着政策方案能否实现及实现的程度，是解决政策问题的关键。政策的主要目的不是研究问题而是解决问题，政策制定主要是研究政策问题的过程，只有政策执行才是直接地、实际地、具体地解决问题的过程。及时正确地将政策付诸实施，公共政策才具有实际意义。如果没有政策执行，政策目标就只能是纸上谈兵，而政策目标不能实现，政策也就失去了自身的价值。束之高阁的话政策再好也没有实际意义，政策只有通过执行，才能转化为现实，才能体现出它的实际价值。而且执行人员的创造性活动可以弥补规划、决策的不足，提高决策的经济和社会效益。

其次，政策执行是检验公共政策质量的重要标准。公共政策经过程序化的逻辑推理和理论预设之后，无论其构建多么完善，都属于主观认识范畴。一项政策正确与否、质量高低最终必须由实践来检验，也就是必须通过执行这个重要途径来检验。政策目标只有在执行过程中得到完满实现，才能证明原政策是正确的。通过执行政策，能够发现原政策本身的错误和不足，进而根据实际的发展来进一步完善政策，以促进政策质量的提高。正是从这个意义上说，政策执行是检验政策质量的重要标准。

最后，政策执行是后继政策制定的重要依据。这里的“后继政策”有两层含义：一是指对原有政策的修正和补充，也就是通常所说的追踪决策；二是指制定新的政策。就第一层含义而言，任何政策都不可能一经制定就尽善尽美，政策本身需要在贯彻执行过程中不断修正、补充、完善和发展；就第二层含义而言，任何正确的政策都有“生命周期”。超过了一定的时空范围，政策所要达到的目标已经实现，那么，这个政策就失去效用或完成了它的使命，就要被新的政策所代替。制定新的政策要用前一项政策实施后反馈回来的信息为依据，要在前一项政策后果的基础上来制定新的政策。因此，政策执行是后继政策制定的重要依据。

3.3 公共政策执行的过程与手段

3.3.1 公共政策执行的过程

一般来说，政策执行过程包括三个阶段：一是政策执行的准备阶段，包括进行政策宣传、加强政策认知、制订执行计划、进行物质准备和做好组织准备等活动环节；二是政策执行的实施阶段，包括政策试验、全面推广、指挥协调和监督控制等活动环节；三是政策执行的总结阶段，包括政策执行效果评估、追踪决策等活动环节。

3.3.1.1 政策执行的准备阶段

正所谓“良好的开端是成功的一半”“军马未动，粮草先行”，这些都说明了充分准备的重要性。政策执行的准备阶段是政策执行的开端，政策执行首先要做好充分的准备工作，有备无患。

（1）学习宣传政策，加强政策认知。

要正确执行政策，就必须加强政策认知；要加强政策认知，就必须进行政策学习和宣传。政策学习和宣传是政策执行的起始步骤。学习主要是对于政策执行者而言，宣传则主要针对政策对象而言。因此，可以从两个角度去理解“学习和宣传”。

一方面，是政策执行者对政策的学习和掌握。要正确贯彻执行政策，执行主体首先必须认真学习和深刻理解政策。政策执行主体应该深刻领会政策的精神实质、内在机理和外部关系：理解政策的精神实质，即要理解政策的指导思想、最高目标和远期目标；理解政策的内在机理，即要把握政策的界限、原则、对象、内容、措施等。同时，还要认真研究和把握政策的时效、利益群体的结构与特点、政策的一般条件和特殊条件、政策的措施与步骤、与下级的权责关系等。使全体执行主体统一思想，减少政策执行的阻力，通过执行效率，为实现共同的政策目标而努力工作。

另一方面，是政策对象对政策的认知与理解。政策执行离不开对政策信息的宣布和散播，因为政策的有效执行绝不是执行者一厢情愿的事情，它是以作为政策目标群体的广大民众对所推行政策的认同和接受为前提的，而这种认同和接受又是以其对政策的准确认知为基础的。通过各种形式的政策宣传可以在更大范围使广大政策目标群体充分认识到所推行政策与他们切身利益之间的紧密关系，使他们认同并自觉自愿地积极接受政策，从而为政策的有效执行奠定坚实的基础。所以政策执行者在执行过程中除了要通过组织学习和拓展知识结构等途径来提高自己的政策认知水平外，还要通过政策宣传来促进政策目标群体对所推行政策的认知和认同。

在政策执行过程中，政策学习和宣传有如下作用：

首先，加强政策学习，有助于提高政策执行者的政策认知。政策执行是以政策执行者对所推行政策的认知和认同为前提条件的，只有执行者对公共政策的意义、目标、内容以及政策执行的原则、方法、步骤有了明确的认识和充分的了解以后，才能积极主动地执行政策。因此，通过多种形式的政策学习，可以使执行者认真领会和深刻理解公共政策的精神实质、内在规定和外部环境，从而强化政策认知与认同，为高效的政策执行奠定统一的思想基础。

其次，加强政策宣传，有助于提高目标群体的政策认知。政策对象只有知晓了政策，才能理解政策；只有理解了政策，才能自觉地接受和服从政策。多渠道、多形式的政策宣传的目的在于：当政策规定能够满足目标群体的利益需求时，政策宣传能够加强目标群体的政策认知，动员人们努力去实施政策；而当政策总体上符合目标群体的根本利益和长远利益，但要求人们对眼前利益和固有观念进行适当调整和改变时，政策宣传就要说服、教育人们从大局和长远利益出发，正确对待和适应公共政策对社会利益关系的调整，从而为高效的政策执行营造良好的舆论环境。

（2）制定政策执行计划。

一般来说，一项公共政策的推出，往往是从宏观、战略的角度规定实现政策目标的基本方向，面向整体，着眼长远，具有抽象性、原则性、笼统性和模糊性的特征，因而未必能与实际情况完全契合，导致可操作性相对不足。因此，政策执行机构需要在调查研究的基础上，对政策规定加以具体化，对总体目标进行分解，制订出具体可行的政策执行计划。

制订政策执行计划时，需要遵循下列原则：

第一，客观原则。制订政策执行计划要实事求是，有的放矢，切实可行，客观可靠，排除主观臆断；执行计划的各项分目标，不保守也不冒进，不是唾手可得也非高不可攀；对有关人力、财力、物力等各种资源和条件，必须做到心中有数，量入为出，量体裁衣，不可含糊笼统、自不量力、好大喜功、脱离实际。

第二，弹性原则。制订政策执行计划一定要留有余地。计划不可做得太满太死，要充分考虑在政策实施中，政策的环境会发生变化，机构与人员也会出现变动，特别是会存在一些未知和不确定的因素。计划保持一定的弹性，在政策执行中，才能进退自如。

第三，统筹原则。制订政策执行计划要求能够统筹方方面面，理顺各种关系，实现长期目标与近期目标统一、上级目标与下级目标统一、经济目标与社会目标统一，切忌顾此失彼，前后矛盾，相互冲突，做到计划前后衔接、全局与重点均衡、公平与效率兼顾。

（3）做好相关组织准备。

组织准备主要是指机构的设置和人员的配备。众所周知公共政策是要由一定的人员和机构来执行的，政策颁布之后首先要做的事情就是组建相关的政策执行机构，配备必要的政策执行人员。组织准备工作是政策执行的保障机制，组织是公共政策执行的主要力量和责任承担者。没有有效的组织形式和机制，不论如何科学的政策都不可能落实到实处。

组织准备一般包括三个方面的工作：

一是确定或组建政策执行机构。这是组织准备中的首要任务。通常情况下，常规性、例行性政策的执行，现行的行政组织可承担执行任务，不必另建机构。在特殊情况下，如果遇到非常规性或者是紧急而重大的牵涉面较广的政策，可采取赋予某一机构特殊地位，或以各部门协调人员组成临时机构并赋予其特殊权力，但应在政策目标实现后及时撤销。执行机构的确定应该做到设置完备，权责明确，分工合理，界限清晰，防止出现争功诿过、互相扯皮的混乱现象。执行机构的设置还要有良好的沟通协调机制，能与外界环境的输入输出保持畅通和密切的关系。

二是选拔和配备能胜任工作的人员。选人用人是组织准备工作中的一项重要内容。因为人是组织中最能动、最活跃的因素，是组织行为的主体。对政策执行者的素质来说，要求具有专业管理方面的知识技术和实践经验，具有较强的政策理解能力以及沟通、协调能力；同时，要善于用人，做到人尽其才；具有宽广的胸怀，善于处理人际关系；讲求工作效率，善于从实际出发，采取机动灵活、与时俱进的方式、方法，有步骤、有次序地实施政策。需要强调的是组织内部人员的年龄、专业、能力、素质等结构要配置合理，要有利于形成团结向上的、凝聚力强的学习型组织文化，建立团队合作型的执行机构。

三是制定科学严密的管理制度。有效的制度准备能使政策执行保持领导统一、计划统一、指挥统一和行为统一。做到有章可循、规范管理。这些管理制度主要有目标责任制度、检查监督制度、奖惩制度和组织纪律、职业道德、行为规范等。

（4）做好物质准备。

任何一项公共政策的实施总是需要一定的财力、物力作为基本保障，仅有执行政策的权威和主要工作人员的承诺是不够的，充足的装备、物资设备以及其他的支持设施也是必需的。因此，充分做好政策执行的物质准备，也是政策执行准备阶段必不可少的一项内容。这里的物质准备主要是指政策执行所必需的经费（财力）和必要的设备（物力）两个方面的准备。

首先，执行者应根据政策执行活动中的各项开支项目和数量，本着既能保证执行活动正常开展，又坚持勤俭节约原则编制预算。预算必须报有关部门批准后，才能执行，才算落实了政策实施的活动经费。

其次，要做好必要的设施准备，如交通工具、通信联络、技术设备、办公用品等。随着现代科学技术的发展，政府管理与政策执行所使用的各类设施已经有了很大的发展，这些现代化设备，为政策执行活动的顺利开展提供了良好的物质条件。

3.3.1.2 政策执行的实施阶段

政策执行的实施阶段是实现政策目标、提高政策效益的关键环节。它包括政策试验、政策全面推广、指挥协调和监督控制等内容。

（1）政策试验。

政策试验是一项新政策在正式推广之前，根据政策目标群体和政策适用范围的实际情况，选择具有代表性的局部地区、范围或群体，使用较少的成本和较短的时间，试行政策的办法。

政策试验是政策执行过程的必要环节，是政策得以全面推行的基础。政策试验对于政策执行的必要性体现在：一方面，政策试验有利于减少公共政策执行风险。由于政策执行的条件相对不够成熟，准备可能不完全充分，政策计划的设定也不可能十全十美，政策信息的非对称性以及政策执行主体对政策的整个过程和结果缺乏准确的洞察力，因而政策方案的全面推开面临着一定的风险。政策试验利用有限的政策资源做出局部性、临时性判断，能相对减少政策执行的风险。由于政策资源投入不多，即使试验全部失败，造成的损失也远远低于全面推行所造成的损失。另一方面，政策试验有利于降低政策执行成本。政策试验有利于检验政策的可行性和有效性，可以及时修改和完善政策，可以从政策试验中获得重要的经验和信息资源。同时，通过试验取得的成功和效益，能够使人们逐渐转变传统观念而接受新政策，从而有利于提高政策执行效率，降低政策执行成本。

政策试验要按照科学方法进行，大致分为三个步骤：

首先，选择试验对象。选择试验对象或试点，要根据政策方案的要求进行，应具有典型性和普遍性。这就要求在选择对象时应注意避开那些条件最优越的和条件最恶劣的两种极端情况。

然后，设计试验方案。试验方案是针对试验对象的实际情况试行政策内容的计划书。试验方案的设计要周密，要有利于正确指导试验工作，加强针对性、方向性和目标性。一般把试验对象分为试验组、对照组，在具体实施政策方案之前，先分别测定两个组各相关因素的状况，并将测定情况记载下来，然后在试验组中具体实施政策方案，对照组则不实施。试验结束后再次测定两组各相关因素的变化情况，与试验前的情况进行对比分析，从而得出科学结论。

最后，总结试验结果。分析和总结试验结果是政策试验过程中最关键的一个阶段，要根据试验的整个过程和最后结果检验、评估、修改、补充或否定政策方案，是为政策执行再决策和政策全面推广提供直接性的经验数据和材料。总结不当或不科学，必然导致政策试验失败或失效，也就可能误导政策的全面推广和政策执行再决策。因此，总结试验结果强调实事求是、全面客观、深层发掘、理性思考。分清哪些是必然性原因，哪些是偶然性原因，如果试验结果也是失败的，则还要注意弄清是政策本身的问题，还是试验方案或具体试验措施的差错。总结时还必须分清试验的适用范围和条件，即哪些经验仅适用于试点本身，哪些经验具有普遍意义；在推广运用这些经验时需具备哪些条件，附加哪些条件等。

（2）政策全面推广。

在经过执行准备和政策试验后，就进入了政策实施的全面推广阶段。这是政策执行过程中涉及面最广、变量最多，操作性和程序性极强，因而也是最为艰难的一个环节。全面推广的成效关系到整个政策系统的有效性和功能发挥，关系到政策的可行性和质量优劣。针对我国国情和政策推广的实践经验，在这个环节上要注意把握重点与解决难点相结合。公共政策的全面推广要面向整体，因而需要考虑和注意的环节与变量较多，在资源有限、条件不足的情况下，实际上很难做到齐头并进、等量投入。因此，在执行公共政策时应注意立足全面和着眼总体战略。既要把握重点，又要着力解决难点。把握重点，就是要把握政策执行的关键因素。对于目标群体来说要分析主导利益群体的特点和基本情况，争取获得主导利益群体的支持与配合，降低政策执行的难度。解决难点就是要把主要力量放在难点的分析和解决上，解决了难点问题，其他问题才可能迎刃而解。同时注意自上而下和自下而上的有机结合。

（3）指挥协调。

政策执行是一项非常复杂的管理活动，需要不同执行机构和执行人员的共同参与和密切配合，需要调动并利用人力、物力、财力、时间、信息、权威等多种资源，需要综合使用行政、法律、经济等各种手段。由于不同的政策执行机构具有不同的职责范围和管理权限，不同的政策执行人员在知识、经验、智力、观念、利益、性格和观察问题的角度等方面存在差异，在政策执行过程中难免出现意见分歧、利益矛盾和冲突摩擦。这些分歧、矛盾、摩擦往往会给政策执行带来种种阻碍。而要实现政策执行机构和人员之间的整合，就离不开统一的指挥和有力的协调。指挥与协调作为两种重要的功能性活动，贯穿于政策执行全过程。

指挥就是行政领导者将已经确定的执行计划和目标任务通过命令、指示、决定等形式，分派落实到具体的部门、单位和个人；按照计划筹集、分派物资经费，组织实施试点工作，总结推广试点经验；通过行政命令、经济调控和教育激励等手段，指导政策执行工作全面展开和有效推进的过程。

协调是指行政领导通过引导、调停和说服的办法，使不同的政策执行机构和政策执行人员之间建立起相互协同、相互配合的关系。协调工作做好了，才能化解矛盾、解决冲突、缓和关系，使执行人员及其他相关人员做到思想观念上的统一和行动上的一致，才能保证执行活动的同步与和谐，提高政策执行的效率，减少人力、物力、财力和时间等方面的浪费。

（4）监督控制。

监督控制是政策执行过程的保障环节。在实际的政策执行过程中，常常由于政策执行者主观认识上的差异，造成对政策理解的失当，或者由于政策制定者与执行者之间存在利益差别，往往会使政策执行活动偏离政策目标，出现政策执行的偏差、失误、违法与低效等情况。因此，必须加强对整个政策执行过程的监督和控制。对政策执行过程进行监督控制主要是为了保证政策执行活动遵循政策原定方案，监督检查政策内容是否得到贯彻执行，看看各项措施是否存在违背全局利益或整体利益的情况，及时发现和纠正一切违背政策目标的行为，提高政策执行的效率，确保政策目标的实现。

3.3.1.3 政策执行的总结阶段

政策实施完毕后要及时做出总结，这是政策执行的最后一个阶段，也是为制定新的政策做准备。政策执行的总结阶段包括以下环节：

（1）绩效评估。

政策执行完毕后，需对执行绩效进行科学、客观、系统、全面的评估。政策执行绩效评估主要检验执行效率、效益和公平性。一项构思精良、经多方论证认定为无懈可击的政策付诸实施之后，究竟有没有达到预期的目标、产生预期的效果，不能仅由政策执行者进行主观判断，而是需要使用科学的指标，遵循严格的程序，进行客观的评估，从而决定政策去向，并进行追踪。可见政策执行绩效评估是政策执行过程中必不可少的一个环节，对于提高政策执行质量，克服政策执行中的弊端和障碍，具有重要作用。

（2）政策执行再决策。

政策执行主体在政策执行过程中以及执行任务完成后，根据反馈信息对原政策方案所做的必要补充或修正，就是政策执行再决策。从实质上来讲，它是实施过程的暂时中断，其结果是形成一项更为科学、合理的政策，但是所产生的政策与原政策联系紧密，它们针对的是同一个政策问题。政策执行再决策同时兼有政策执行和政策制度的双重特征。

公共政策执行再决策时，首先要做好宣传解释工作。公共政策执行再决策是对原有政策的修正或突破，势必给公众心理带来不同程度的震荡，引起公众的担心和疑虑，这就需要解释再决策的必要性及宣传再决策的主要内容，让公众明白，再决策不是决策的崩溃，而是一种战略的转移，是为了更好地解决社会中的现实问题。其次，要做到集思广益、发扬民主。在再决策过程中，决策人员必须认真听取各方面的意见，充分发挥人民群众和各方面专家的聪明才智，保障人民群众的正当权益，保证政策的可行性、合理性以及利益代表的广泛性，为政策的改进、创新和执行创造有利的条件。最后，要做好经验总结工作。政策执行再决策的一个很大特点是非零起点，再决策所面临的对象和条件已经不是处于初始状态，是针对政策执行偏差，制定纠偏措施，使正在实施的政策向规定的目标迈进。所以再决策需要注意和借鉴原决策执行过程中的经验教训，在此基础上有所创新和突破，从而保证公共政策执行取得更好的结果。

上述的三个阶段，以及各阶段里的诸环节，构成了政策执行的完整过程。只有这三个阶段的每一个环节做好了，政策执行活动才能顺利进行，政策目标才能转变为政策现实，政策内容才能转变为政策效益。

3.3.2 公共政策执行的手段

公共政策执行手段是指政策执行机构和人员为实现政策目标、落实政策内容所采用的政策工具、中介途径与措施方法的总和。根据美国著名政策科学家詹姆斯·安德森的观点：行政管理机构的实施活动依靠的不仅仅是该机构官员的态度和动机，以及外部的压力，而且取决于该机构所能获取的政策实施技术。我们能够知道：政策执行手段选择得恰当与否，直接关系到政策执行目标能否实现，关系到政策执行主体的执行力的大小。根据性质、作用和特点的不同，公共政策执行手段可以分为以下几种：

3.3.2.1 行政手段

行政手段是行政主体依靠国家行政权力，依靠行政组织的层级节制性，采用规章制度、命令、决定等方式来实现国家对行政工作的领导、组织和管理的办法。行政手段是政策执行最基本的手段。行政手段的本质是借助行政权力和隶属关系来强制实施，下级必须无条件地服从。通过这种手段可使行政决策准确无误、坚决有力地推行和落实。尤其是在社会运行过程中出现紧急与非常情况时，行政手段能有效促使秩序的恢复，维护公共安全。

行政手段具有如下特点：①权威性。行政手段凭借的是行政权力，以服从为前提，实现政令统一。②强制性。各级行政机关及其负责人依靠行政权威发布的行政指令对被管理者具有强制执行的性质，要求下级在思想上、行动上、纪律上原则性地服从统一意志，它不顾及人们是否赞成，一经决定就要贯彻到底。③垂直性。行政手段按行政组织系统隶属关系向纵向层级传达，只对上下级垂直隶属关系具有约束力。下级只服从于其顶头上司，低一层次只听上一层次实行垂直性传递的信息，横传的命令一般无效。④具体性。行政手段往往通过具体的行政命令，在特定时间针对特定对象，具有特指性。

行政手段具有如下优点：①集中统一。行政手段能够控制、制约、协调社会各方力量，集中社会优势，保证行政执行的集中统一。②灵活迅速、时间短、见效快。行政手段自身的时效性与强制性决定了其便于行政管理职能的有效发挥，尤其是在紧急情况下。

当然，行政手段也具有不足之处。由于其本质依靠行政权力和隶属关系实施强制，行政手段最容易被滥用，且因其高度集中、强制性的特点易抑制民主，难以调动下级的积极性和创造性。垂直管理，又会导致横向沟通困难，矛盾较多。而且，在市场经济条件下，行政执行的主要方式让位于经济手段和法律手段，但行政手段仍是一种行政执行方式之一，只不过与传统计划经济条件相比，市场经济条件下行政手段无论在机制、运用界限、条件方面，都发生了显著变化。

3.3.2.2 经济手段

经济手段是行政主体按照客观经济规律和物质利益原则，利用各种经济杠杆，调节政策执行过程中的各种不同经济利益之间的关系，以促进政策顺利实施的一种方法。经济杠杆有：价格、工资、利润、利息、税收、资金、罚款以及经济责任、经济合同等。经济手段是一种通过利益诱导进行间接管理的方法，在市场经济条件下，经济手段将会发挥越来越重要的作用。

区别于其他手段，经济手段具有如下特点：①间接性。经济手段不像行政手段那样直接干预，而是利用经济杠杆作用对社会中的各方面经济利益进行调节，以此来实现间接调控。②有偿性。与行政手段下的无偿服从不同，经济手段以等价交换、按劳取酬为原则，以有偿的物质利益刺激调动人们的积极性，这也是经济手段区别于其他手段的根本特点。③多样性。经济手段的方式是多种多样的，它包括价格、信贷、利率、税收、工资等，且这些经济杠杆之间是相互关联的，每一种经济杠杆的变化都会引起多方面经济关系的连锁反应。不同地区、不同时间、不同部门所采用的经济手段都是不同的。

经济手段具有以下优点：经济手段以物质利益为基础，能充分有效地调动组织和个人的积极性、主动性，促进横向组织间的沟通交流与联系合作。同时，经济制约关系便于分权的组织管理，发挥各方面的主动性与创造性。

但经济手段也具有缺点：由于经济手段不具备强制力和行政管理的约束力，对其行政工作的调节作用也受到一定程度的限制。从个人需要层次上讲，当基本物质需要得到了满足之后，更高层次的需求就会产生，导致经济手段的效用递减；并且经济手段不能完全解决人们的精神和社会需求等问题；如果运用不当，可能会产生消极影响。所以，经济手段是市场经济条件下的主要方式，但不是唯一的方式，还需要与其他手段相结合。

3.3.2.3 法律手段

法律手段就是人们常说的法治，是行政主体以行政立法、行政执法、行政司法的方式履行行政职能，实现公共政策目标的政策执行办法。依照法定程序和职能，把国家法律、法规实施到具体的行政活动中，以达到有效而合理的行政目的。与其他行政手段相比，在依法行政的今天，更要求行政主体以法律为武器，根据法律活动的规律、程序和特点实施行政管理。法律手段已成为行政执行的主要方式之一。

法律手段除了与行政手段一样具有权威性和强制性外，还具有稳定性、规范性和程序性的特点。所谓稳定性，是指行政法规一经国家立法机关和行政机关颁布，就将在一定时期内生效，不会经常变动，更不允许任何机关、团体和个人随意修改。行政法律和法规的修订必须根据客观形势发展的要求，由国家立法和行政机关遵循立法程序进行。所谓规范性，是指法律手段对一般人普遍适用，对其效力范围内的所有组织和个人具有同等的约束力。法律和法规都要用极其严格的语言，不能发生歧义，因为它是评价不同人们行为的共同标准。不同层次的法律法规不得相互冲突，法规要服从法律，一般法律又要服从宪法。所谓程序性，是指法律的制定要遵循特定的程序，法律的实施要通过法定时间与法定空间上的步骤和方式进行。在政策执行的过程中，法律手段的运用既要讲究实质正义，又要讲究程序正义。

法律手段是政策执行法治化、制度化、规范化的根本保障。法律手段是其他行政手段的保障，是最具有行政执行效力的手段。但应看到依靠法律手段并不能解决所有的问题，即便在强调依法行政的今天，也不可能使所有的行政关系都转化为行政法律关系。法律手段还有不足，如灵活性不够，有滞后性的缺陷。因此，必须结合其他手段才能发挥作用。

3.3.2.4 思想教育手段

思想教育手段是指依靠宣传、说服、沟通、精神鼓励等激励人们的积极性，实行公共政策目标的方法。这是行政管理最经常、最广泛使用的一种手段。其方式有：启发教育、说服劝告、建议协商、树立典范等。思想教育手段可以从根本上激发人的主观能动性，但需时较长、工作艰巨，而且是一项政治性、科学性、艺术性很强的工作，需要在实际工作中晓之以理、动之以情，言行一致，即实现情、理、行三者的统一。

思想教育手段具有以下特点：①潜在性、长期性。人的思想工作观念是内在的心理活动，转变人的思想观念绝非一日之功，它需要进行反复、细致、长期的工作，而且人的思想转变也是潜移默化和渐进的过程。②内在稳定性。一旦通过思想教育工作使管理思想内化为管理对象的自觉意识，它将产生一种稳定的动力，持续地激励和引导管理对象的行为。③超前性。思想教育手段一旦生效，便能调动管理对象的内在积极性，预先主动地约束自己的行为。

行政手段、经济手段、法律手段和思想教育手段各有优越性，各种手段不是孤立的，而是相互联系、相互制约和相互促进的。在行政执行中，各种手段必须协调配合、相辅相成，共同努力才能实现既定的行政目标。

3.3.3 公共政策执行的资源

公共政策执行的资源就是执行主体实施既定政策所必须具备的客观与主观条件。政策执行是社会资源的流动过程，其本身就需要一部分去消耗。因此，对政策执行资源的分析就是进行政策执行的成本—收益分析。具体而言，政策执行资源包括以下几个方面：

3.3.3.1 财物资源

政策执行需要有必要的财物资源的投入。财物资源由两部分组成，即经费和物质设备。公共政策执行经费直接来自国家预算，而国家预算又依赖于经济发展水平，因此，要改善政策执行的财物状况，就必须发展生产力。充足的经费和优良的物资设备供给是公共政策执行的必要投资和重要条件，然而财物资源的调配供给必须以国民经济发展水平及供给能力为基础。但要摒除一种错误的观念，就是花了钱一定能办成事，或是多花钱多办事。财物资源只是公共政策执行中的一个方面，过多的财政经费开支也会导致设备的过剩和闲置，造成浪费。

3.3.3.2 人力资源

人力资源主要是指公共政策执行人员的配置问题。它包括人力资源结构建设、人力输入输出和素质优化等问题。人力资源的供给应根据具体执行情况而定，一般说来要注意从以下几个方面进行考察与分析：①政策执行的专业技术程度。专业性很强，就应录用专业对口的适合政策的人才。如果专业不对路，技术层次不配套，就不能做到人尽其才。②政策执行组织的结构要求。要建立具有团队精神的组织；组织成员的性别、专业、能力、性格、气质要结构优良，能形成取长补短、相得益彰、和睦、功能高强的执行队伍。③政策执行人员的一般素质要求包括知识、能力、心理等方面。但应注意的是，人力资源固然是保证公共政策执行的重要前提，过多的人员投入又会导致执行机构臃肿和因人浮事而产生内耗，从而增加公共政策执行的难度。

3.3.3.3 信息资源

政策执行也可看作是政策信息的流转过程，它包括执行组织内部的信息传播与供给，也包括政策执行内部与外部信息的交换与加工过程。公共政策执行因宣传不力而造成信息的非对称性，就会产生政策执行偏差。因此，公共政策的执行人员在活动时，不仅需要有足够的、可靠的信息，而且还应确保信息共享，信息传输的渠道畅通无阻。充足的信息资源、科学的信息加工、畅通的传播渠道、完全的信息产出是公共政策有效执行的重要保证。充足的信息资源指的是执行主体获得的政策信息以及与执行相关的信息的充足性。信息不充足，执行主体就不能正确理解政策的内涵，不能科学地制订执行计划。准确的信息加工是指执行主体对政策认知的准确性。畅通的传播渠道指的是政策宣传的方式、手段、路径等的畅通与有效性。完全的信息产出是指执行主体对目标群体的政策信息供给的真实性与完整性。当然，信息资源也并非越多越好，因为，过度的信息获取不仅要花费大量的人力、物力与财力，而且还会导致信息污染。

3.3.3.4 权威资源

政策执行需要有坚定的执行权威。一定的权威也是公共政策执行过程中不可缺少的政策资源。权威之所以成为重要的公共政策资源，是因为权威既可以加强行使权力者的责任感，也可以促使个人遵从权威者制定的规范；权威通过保证专门知识和专门技能的利用，确保具有理性和效能的高质量的公共政策的实现；权威有助于组织的整体协调，让群体的所有成员采取彼此一致的复合决策，以达到预期的目的。在民主社会里，执行主体依法定权力执行政策，不可越权、侵权。同时执行主体的权威也来源于一些领导者的个人魅力，因此，也应以身作则，率先垂范，树立良好的政府形象，以获得公众的信任与拥护。

3.3.3.5 制度资源

制度是政策执行得以有序进行的重要保证，它包括多方面的内容，最基本的有两方面：一是通过制度保护执行主体的权力，二是建立对其行为责任依法追究的制度。执行制度建设至少包括对执行者的人格保障、身份保障、职务保障、执行公务保障、行政裁量、自由申辩等规定，这些保障是与执行者的政治、行政责任相联系的。

3.4 影响公共政策执行的因素

公共政策执行是在复杂的政策系统中进行的社会活动，政策的贯彻实施并不是一帆风顺的，受到来自执行子系统内部和环境的许多因素的影响与制约。分析这些影响因素对于指导公共政策执行具有非常重要的意义。

3.4.1 公共政策本身

一项公共政策执行的成功与否，很大程度上取决于政策本身是否科学、合理。美国政策科学家史密斯认为，理想的或好的政策方案是政策有效执行的前提条件。政策方案有缺陷，如目标与手段之间、新旧政策之间不配套或相互冲突以及政策的超前或滞后等，都会导致政策执行的失败或难以达到理想的效果。公共政策本身的因素主要体现在以下几个方面：

3.4.1.1 政策目标的明确性与可行性

政策目标的明确性与可行性是指政策目标是否明确和可行，以及多重目标之间是否相协调。管理学家德鲁克曾经指出：“政策执行的第一项严重的错误，乃是决策者制定超越性或笼统不明确的目标。”这不仅对企业来说是这样，对政府而言亦是如此。道理很简单，即模棱两可和含糊不清的政策自然令人无法执行。此外，政策目标之间是否相协调也很重要。如果相协调，执行活动就可能得到各种力量的尽力配合；如果不相协调，执行活动就可能遇到各种力量的有意阻挠。

3.4.1.2 政策方案的可操作性

政策方案的可操作性是指政策方案是否可操作性强，相关细节的考虑是否周全完备。政策方案的具体措施和行动步骤应尽可能地明确，并可以很快转化为实际过程，亦即是有利于执行的。实践中，有许多出发点很好的政策都因为操作性不强而在执行中流于形式。没有对点滴细节的关注和把握，政策构想就不可能实现，因为政策方案是不完整的，更何况细节还常常是一些政策对象借以对政策做出评判的依据。

3.4.1.3 政策资源的充足性

政策资源的充足性是指所需资源充足，是否可持续投入而不致中断。无论政策本身制定得多么理想，如果缺乏或者不能持续供应必要的用于执行的资源，那么不仅之前所做出的大量努力将付之东流，而且即便实施其结果也肯定难以达到预期的目标。在政策执行所需的各种资源中，财物资源无疑是最为关键的，正所谓“巧妇难为无米之炊”。需要注意的是，执行所需的资源投入并非越多越好，有时过多的人员和过度的花费反而会增加政策执行的难度，因此只有投入的资源适度才会有助于公共政策的有效执行。

3.4.2 公共政策执行主体

公共政策执行主体是指负责组织落实公共政策的人员或组织。主要包括国家和地方政策行政机关、司法机关、被赋予执行权的其他公共权力机关以及供职于这些机关的公职人员。任何一项公共政策执行都有赖于一定的组织、机构及其成员。执行主体掌握着实施政策的资源、手段和方法，是将政策贯彻于政策对象中去的施行者、组织者、管理者和责任者。执行主体的组合状况以及执行人员的素质、政策水平、管理水平、道德素养的高低直接关系到政策执行的成败和政策目标的实现。

3.4.2.1 政策执行组织

执行政策最终要靠政策执行机关，政策执行机关掌握着执行政策的办法、技术和资源，是联系政策制定者和广大政策对象的桥梁。执行组织结构的合理性、权责的明确性直接对政策执行的力度和效度产生重大影响。

首先，要保证执行组织结构的合理性。合理的执行组织结构是实现政策目标的组织保证，能实现“1+1>2”的整体功能。组织结构的规范、有序、协调程度直接影响组织的外向输出情况。执行组织的合理结构要求组织的纵向结构层级化和横向结构的专业化。层级化是指各级政府以及部门的上下级之间的机构、职位、人员配备和责任、权力、工作程序的有序等级划分。合理的层级划分有利于政策执行的统一领导、统一指挥，有利于政策执行的目标分解，逐层落实，有利于政策执行的上传下达和监督控制。专业化是指将执行组织按政策目标、管理对象、权力责任和业务性质划分为若干个横向的职能部门。专业化的部门划分有利于提高政策执行的专业技术水平，有利于合理利用和吸收专业人才，有利于事权一致、政令畅通。执行组织的合理结构还要求执行组织的年龄结构、知识结构、能力结构乃至性格志趣结构等方面的相互协调与功能互补。

然后，就是要确保执行组织权责的明确性。明确组织权责即理顺中央与地方政府、上级与下级政府、各职能部门之间的权力责任关系。就中央与地方以及地方与地方的关系而言，需进行事权划分，落实责任制，建立责任追究机制，划清中央与地方政府之间、地方政府不同层级之间的事权、财权、产权和立法权等，政企分开、政事分开，简化行政审批制度，实现集权与分权相结合，在保证上级权威和不影响上级政府对辖区内的事务作综合管理和宏观调控的前提下，实现必要的分权，以调动下级政府应对地方实际情况的灵活性和执行政策的积极性与创造性。就各职能部门之间的关系而言，要明确各部门及其工作人员的权利和责任，责权利保持一致，做到统一指挥，统一行动，杜绝各种形式的相互推诿、越权、失职、渎职行为。

3.4.2.2 政策执行人员

政策执行人员的行为对整个政策执行的效果具有直接的影响。一个合格的政策执行者必须具有较高的自制能力。公共政策的执行在某种意义上是对利益的分配和对行为的调整。当政策的执行者身兼目标群体和执行者的双重角色时，他们的利益就被执行的政策所调整，这时，政策的执行者便处在整体利益与局部利益的矛盾选择之中，他们是否有高度的觉悟和自制力，将对政策的执行产生极大的影响。同时，一个合格的政策执行者必须具备坚定的政策目标的认同感和执行政策的使命感。政策执行的好坏取决于政策执行者对于政策目标的认知、理解，对于不同行为可能产生的政策效果的准确推测，对于政策执行过程中的困难与障碍勇于克服的坚强意志。除此之外，合理的知识储备和能力结构对于政策执行者也是必不可少的。所谓知识储备，主要指两类知识：一是一般性的政策执行知识，二是进行专门领域的政策实施所需要的专业知识。所谓能力结构，是指执行政策的一般能力，包括组织能力、计划能力、协调能力、管理能力、控制能力等。

3.4.3 公共政策目标群体

公共政策目标群体是公共政策直接作用和影响的对象，是与公共政策所分配利益发生关系的个人、团体或组织。政策执行的目的是影响或改变政策目标群体即政策对象的利益。其功能的发挥不仅与执行主体的各个因素有关，也与政策对象对政策认同、接受和支持的程度有关。按照这种程度的大小，可以将公共政策对象分为：

3.4.3.1 顺应型政策对象与抵触型政策对象

顺应型政策对象是指这部分受政策影响的公众，支持政策执行主体的行动，能够顺从政策的贯彻，所以有时又称这种类型的政策对象为贯彻式政策对象。这类政策对象也有两种情况：一种是能从政策执行中获利的人，一种是虽不能从政策中获利但也能顾全大局的人。抵触型政策对象是指某些公众因感觉到政策的设施会损害他们的既得利益，因此，试图对政策的贯彻采取对应的行为，通过这些行为或者使政策贯彻走样，或者让政策在执行中打折扣，其目的是维护原有利益，或使既得利益的损失最小。由于这类政策对象的行为是专门针对政策的，有些人称他们是对策式政策对象。

3.4.3.2 配合型政策对象与观望型政策对象

配合型政策对象是指在政策实施中，政策目标群体中一部分对政策贯彻表示主动支持的公众，他们与政策执行机构和人员紧密配合，保证政策能顺利执行。这一类型的政策对象或者是对政策比较了解，或者是在政策实施过程中已经获得了实际的利益。配合型政策对象因为能主动支持政策执行部门和人员的活动，因此又被称为支持式政策对象。观望型政策对象是指在政策目标群体中，一部分对政策的效果表示怀疑，从而一直处于观望状态的公众。他们对政策或者不甚了解，从而不积极；或者是由于过去的政策未能给他们带来实际利益，从而对新的政策也持怀疑心理。这一类型的政策对象由于对政策的实效不太相信，又被称为疑虑式政策对象。

政策执行是政策执行主体与政策对象间的互动。政策对象中与政策发生作用的公众个人或群体的态度，对政策执行状况同样具有重要影响。了解政策目标群体的具体情况，便于在政策执行中有的放矢，更好地使政策对象顺从和接受公共政策，使政策目标得以顺利实现。

3.4.4 公共政策环境

公共政策环境是指政策系统边界之外并和政策系统进行物质、能量和信息交换的所有事物。影响公共政策执行的政策环境可区分为自然环境和社会环境。

3.4.4.1 自然环境

公共政策执行子系统的自然环境是指与执行系统发生密切联系并与之进行物质、能量和信息交换的外部自然条件。自然环境主要包括：地理因素，即山川、河流、湖泊、海洋、土壤等自然条件；生物因素，即植物和动物等自然条件；宇宙因素，主要指靠近地球表层的大气与空间。一定的自然环境与一定的政策执行系统发生这样或那样的联系，影响着政策执行过程与结果。

3.4.4.2 社会环境

任何一项政策的执行都必须要与一定的社会因素发生作用，都要受到一定社会环境的制约和影响。适宜的社会环境无疑有助于政策的有效执行。公共政策执行子系统的社会环境是指该系统以外由人们以及人的活动形成的，并对政策执行活动产生交互影响的各种社会因素。这些因素通过社会的经济、政治、文化、教育、科学、技术、精神、道德风尚、风俗习惯等表现为社会的政治环境、经济环境和文化环境。

首先是政治环境。公共政策执行素来就是一种复杂的政治行为，公共政策执行子系统的输入与输出都离不开政治环境的影响。具体表现为：国家政治制度决定公共政策执行的阶级性质和组织形式；政党制度影响着政策执行的组织机构设置、人员配备、执行沟通、执行评估与监督；政治生活的民主程度和政治稳定影响公共政策执行的运行状态；国际政治环境影响公共政策执行的稳定和功能发挥。

其次是经济环境。经济环境是公共政策执行最深层的环境，是公共政策执行的物质基础。它主要包括生产力和科技发展情况、人口状况、国民收入水平、社会生产关系、经济体制等，即生产力和生产关系两大方面。生产力发展状况对政策执行的影响，具体表现为：物质生产的发展状况是政策执行的物质基础。精良的物质设备和高科技发展，为办公自动化和电子行政等提供了条件，加速了信息传递与资源共享，使政策执行更为便捷；经济的发展引起一系列社会问题使政策执行的社会管理功能更为突出和复杂。生产关系状况对公共政策执行的影响表现为：经济基础决定公共政策执行的性质与功能发挥；经济体制影响公共政策执行的效率和运行模式。

最后便是文化环境。文化环境主要指政策执行系统之外人们的社会价值观念、传统习俗、社会心理和行为模式等。在效益、民主、公平等价值理念备受推崇的社会，政策执行一般能够更多地反映民意和公民参与程度，体现公平与公正并讲究效率等。在全能、管制、人治型社会占主导地位的社会中，政策执行更偏重权力统治，政府主要扮演“守夜人”的角色。崇尚变革、创新、冒险、竞争的社会民族心理一般倾向于支持政策执行更富有创造性，而相比之下，保守、安逸、小国寡民的社会心理则喜欢渐进平缓的政策执行。

总的来说，无论是政治环境、经济环境还是文化环境，都会影响政策执行。因此，为政策执行创造适宜的环境，也是政策得以有效执行的重要条件。

3.5 “上有政策、下有对策”

“上有政策，下有对策”是政策执行过程中的一个非常特殊的现象，也是人民群众广为关注的一个焦点问题。它不仅阻碍了政令畅通、危害到政府职责的有效完成，而且妨碍了政府公信力的树立，损害了党和国家政策的权威性。

3.5.1 “上有政策，下有对策”的表现

“上有政策，下有对策”主要指各级地方政府部门在执行上级政策时，违背原有的政策精神而导致执行中出现偏差和变形的现象。它在实践中有如下表现：

3.5.1.1 象征性执行

在政策的执行过程中，有些地方的政府部门满足于做表面文章，只停留于口头的承诺而没有规定具体的配套措施。要么能拖则拖，要么“虎头蛇尾一阵风”，要么敷衍塞责，要么雷声大雨点下，从实质上将政策被搁置并成为一纸空文。这种阳奉阴违的做法是与政策的精神实质相违背的。尽管如此，当政策执行难度很大或有损执行者自身利益时，象征性执行就可能出现。

3.5.1.2 选择性执行

任何公共政策都是一个有机的整体，只有得到全面和坚决的贯彻执行，其所针对的政策问题才能真正解决。然而，在实践中有些地方政府和单位常常对上级政策指令或命令进行过滤和截留，挑选其中对自身有利的内容来执行，而对自身不利的内容则不执行；或者是先根据目标群体是否好“对付”再来决定是严格执行还是部分执行，其结果就是“躲”字当头，怕担责任，怕得罪人，遇到问题就逃避。这种“断章取义，各取所需”的做法割裂了政策各部分之间的内在联系，使中央政策变得残缺不全，从而达不到预期的效果，并且因为“政策面前人人平等”而背离了社会的公平正义。

3.5.1.3 替换性执行

替换性执行就是当需要执行的政策与负责执行的政府机关和部门存在利益冲突时，后者就制订与上级政策表面一致而实际相悖的实施方案，或者对其加以曲解，从而使上级的政策难以得到贯彻落实。这种“你有政策，我有对策”的现象不仅极大地妨碍了党和政府的政策目标的顺利实现，而且破坏了政策应有的权威性的严肃性，最终损害了国家和人民的利益。

3.5.1.4 附加性执行

在公共政策的执行过程中，有些执行部门会附加上原政策目标所没有的内容，以维护本地或本部门利益。特别是有些地方打着贯彻上级政策要结合本地实际的旗号，另立一套规定，自行其是，谋取私利，严重阻碍了政策执行的力度和效果，致使政策不能准确执行到位而出现政策失真。

3.5.2 “上有政策，下有对策”的成因

“上有政策，下有对策”这一现象产生的原因是多方面的，其中既有主观原因，也有客观原因；既有外界因素，也有政策本身问题。

3.5.2.1 中央利益与地方利益间的矛盾

公共政策从一定意义上来说就是对各种利益进行分配，或者说涉及的是利益的博弈，其实施的结果总会造成一些人受益而另一些人受损。“上有政策，下有对策”的出现，正是因为在政策执行过程中，某些地方政府从地方利益出发考虑问题，以损害国家利益为代价来确保自身利益得到最有效的维护。尽管国家利益是一国之内的最高利益，所有地方、部门和个人都要服从它的要求，但在一定时期内，中央领导与地方领导所处的位置不同，考虑问题的角度和方式不同，对利益的要求也不同，他们会为了在利益总量中争取到更大的份额而产生利益矛盾。

3.5.2.2 政策本身的缺陷

首先是政策缺乏科学性和可操作性，或者模糊不清。当上级政府没有充分考虑各地实际而制定出过于僵化的政策，却又碍于面子不愿收回，或者当政策的具体条款含混而易被误解时，就会给政策执行带来难度，也给执行者寻找对策、钻空子造成可乘之机。然后就是政策不完整，或者政自多门、不相匹配。我国目前机构繁多，部门林立，职责不明，并且常常出现多头决策。最后是政策多变，朝令夕改，缺乏稳定性和连续性。往往是今天制定了一个政策，不久之后，情况发生了变化或者领导换届了，又匆忙出台一个新政策。这样一来，政策的权威性和可信度就始终无法建立起来，也很难让人遵从，因而造成“上有政策，下有对策”的现象。

3.5.2.3 政策执行者的利益驱动

政策最终都是由人来执行的，执行者的素质和价值观会在一定程度上直接影响政策执行的效果。现实中，一些政府部门的执行人员缺乏职业操守和公益心，背离了全心全意为人民服务的宗旨，只为照顾好自己及本部门的狭隘利益。虽然说政府部门不见得都是公共选择理论家所称的那种利益最大化的“理性经济人”，但追求自身有别于上级政府的那种利益仍是其行为的动机之一。因此，他们就有可能利用手中掌握的权力来谋私利，进行“政策寻租”活动，从而使政策得不到很好的执行或政策走样。再加上以前中央对地方政府领导的政绩考核常常以地方经济发展数据为指标，而不始终从本部门和本地区利益出发来考虑问题就不会有数据和政绩，这点也决定了干部们在上级政府的政策有损本部门和本地区利益时总是拒不执行或消极执行。

3.5.2.4 执行中监控措施的缺乏

近年来，我国虽然已经通过了行政监察法，建立了较为健全的行政监察体系，也对国家行政管理机关及其工作人员的活动进行了必要的监控，但在政策的执行过程中，从上至下依然缺乏强有力的监控，导致大量“漏洞”“虚监”“难监”现象的产生。此外，既有的监督主体虽然存在且为数不少，但监督效果普遍不佳，还有其局限性，比

如各监督主体的权限、方式、程序、范围等不明确，某些基层执行主体与监督主体混为一体，以及某些执行主体与监督主体在利益上高度相关。即使是组织检查，相当一部分也是搞形式主义。由于法律、法规或政策的落实缺乏监督保障体系，执行或者不执行都是一个样，时间一久，令不行，禁不止。再加上一些执行主体的权力意识逐渐膨胀、法治意识日益缺失，“上有政策，下有对策”现象便盛行。

3.5.3 “上有政策，下有对策”的治理

“上有政策，下有对策”的现象从地方局部利益来看也许是有利的，但从国家全局利益来看则是有害的，也是不合法的。实践中，一些地方政府部门夸大政策的灵活性，一味强调变通，这是对政策原则性的否定，必须予以高度重视并可以采取以下措施来进行治理：

3.5.3.1 制度上解决并合理划分中央与地方事权

清晰地划分中央与地方的事权，即使地方明确了自主权限范围，又可以防范中央政策被随意曲解。总的来说，中央应掌握宏观决策制定，其内容不能有过度含糊其辞的内容，并且其基本精神和原则应当高度统一，对全国各地都是普遍有效的，从而避免出现这个地区可以这样做、那个地区可以那样做的现象，使决策的出台目标与实施效果相差甚远。微观决策可以交由地方做主，即要求地方在遵循宏观决策的前提下，发挥决策的主动性、创造性。同时，中央与地方都应做到职责权相对应，要改变过去那种中央权力偏重或地方权力偏重的倾向，做到中央权力与地方权力相对称。在政策执行活动中可以考虑，中央明确规定给地方一定幅度的政策执行自由度，明确在哪些问题上可以有多大的变通权，哪些问题上则不能有丝毫变通等。同时，还应考虑建立一套部门之间、地方之间政策执行活动的整合机制，防止对同一政策问题各地方行动不一，甚至政策措施相互冲突现象的产生。

3.5.3.2 逐步建立科学、配套的政策体系

不同政策的内容之间以及不同执行部门的职权之间的冲突，常常是政策执行不力甚至政策失效的一个不可忽视的原因。为此，首先，应该对现存的所有法律、法规和政策进行一次全面清理，凡是政策规定之间有相互矛盾、扯皮现象的都必须及时纠正；所有部门或地方的政策规定都必须严格与中央、国务院的政策规定相一致；条件成熟时还可以考虑建立某种形式的违宪审查制度，以确保下位法不违上位法，损害法律与政策的权威性。其次，应该对各个领域的工作进行全面审查，哪些需要立法定策，哪些需要完善修改。在宏观、中观、微观政策之间，政治、经济、社会文化等各个领域的政策之间，各部门政策规章之间，新、旧政策之间，都有进行协调，逐步形成科学、合理、配套的政策体系。最后，对政策的制定和实施要通盘考虑，总体规划，有计划、有步骤，循序渐进地推进政策。

3.5.3.3 加强宣传和处理好局部与全局的关系

“上有政策，下有对策”的实质是颠倒了局部与全局的关系，缺乏大局观，也没有很好地把握整体和长远的利益。因此，要克服其弊病，就必须从思想上抓起，始终突

出政策的原则精神和理念，并重申即使上级政府政策的某些方面不适合当地当时的具体情况，在上级没有做出新的规定之前，仍然要执行上级既定的政策。同时，还要坚决维护中央的权威，反对分散主义和地方主义，并强调必须有一个坚强的中央领导集体和核心，必须有中央的强有力的统一领导，必须集中宏观经济调控权力，必须保证政令畅通。

3.5.3.4 完善政策执行监督机制并重视反馈

不断完善政策执行监督机制是消除“上有政策，下有对策”的治本之道，在这方面需要做好这几项工作：首先，强化政策执行监督意识，提高执行人员素质。各级政府必须充分认识政策执行监督的必要性和重要性，并帮助人民群众树立参与政策执行监督的意识，还要下大力气培养执行人员讲政治的风气，提高他们的整体观念和法治观念。然后，要确保专门监督机构的独立性并赋予其足够的权威。要改变目前监督人员因其受所属同级政府领导而产生的“惧监”的心理顾虑，必须保证其独立地位，不受同级党委和政府的领导，实行垂直领导体制，这样才能实现其威慑作用。其次，要充分发挥各种监督主体的积极作用以形成监督合力。除了政党的监督、国家权力机关的监督、政策执行机关内部的监督外，还要让各阶层公民、社会团体、大众传播媒介等社会力量都来参与监督活动。最后，要重视信息沟通和反馈以加强控制。任何政策都是面向未来的，由于客观环境的变化和各种随机因素的存在，其实际效果与政策目标之间也存在着一定的差距，因此需要根据信息不断地进行反馈和控制，以及时调整矫正。

4 公共政策的评估分析

4.1 公共政策评估概述

公共政策评估是政策过程的一个重要环节，是政策分析的一个重要方面，是一种具有特定标准、方法和程序的专门研究活动。对公共政策进行客观的评估是政府决策的重要依据，对公共政策有效执行具有重要意义。那么，接下来，本节将从公共政策评估的含义、功能目的、类型和意义等方面对公共政策评估进行概述。

4.1.1 公共政策评估的含义

公共政策评估的对象是什么？是公共政策方案、公共政策过程，还是公共政策效果？学术界对此的看法不一。相应地，公共政策评估的含义也并不统一。但总的来说，国内外学者对公共政策评估的概念的观点，按公共政策评估对象可以划分为以下三类：

4.1.1.1 *以公共政策方案为评估对象的公共政策评估*

这种公共政策评估概念将公共政策方案视为评估对象，把公共政策评估作为对政策方案的选择。国外学者内格尔认为，公共政策评估包括四个要素：①目标，包括规范性约束和各目标的相对权重；②政策、项目、目标、计划、决议、可选权和手段或其他用以达到目标的方案；③政策与目标之间的关系；④根据目标、政策及其相互关系，得出应当选择哪一种公共政策或公共政策组合的结论。这种观点强调，公共政策评估主要关心的是解析和预测，它依靠经验性证据和分析，强调建立和检验中期理论，关心是否对公共政策有用，而主要关心的是把评估看成是一种科学研究活动。公共政策评估被视为一个分析的过程，评估者通过收集相关的信息，运用定性和定量分析方法和技术，对各公共政策方案进行分析，确定各种方案的现实可行性和优缺点，以供决策者参考。

4.1.1.2 *以公共政策过程为评估对象的公共政策评估*

这种概念以公共政策过程为评估对象，既包括公共政策方案的评价，也包括对公共政策执行以及公共政策效果的评估。国外学者安德森认为：公共政策评估涵盖对一项公共政策的内容、执行、目标实现以及其他效应的估计和评价。国内学者张金马认为：所谓公共政策评估，是指采用现代社会科学研究方法对一个社会或社区或特定社会群体的公共政策需求、对拟议之中的公共政策方案以及辅助实施的公共政策所产生的效果、执行情况及带来的各种影响等进行客观、系统化的考察和评价。林水波、张世贤认为：公共政策评价是有系统地应用各种社会研究程序，收集有关资讯，用以论证公共政策概念与设计是否周全完整，知悉公共政策实际执行情形、遭遇的困难，有无偏离既定的公共政策方向，指明社会干预公共政策的效用。

4.1.1.3 以公共政策效果为评估对象的公共政策评估

这种概念的着眼点在于公共政策效果。国外学者戴伊认为：公共政策评估就是了解公共政策所产生的效果的过程，就是试图判断这些效果是否是所预期的效果的过程，就是判断这些效果与公共政策的成本是否符合的过程。国内学者陈振明认为：公共政策评估是依据一定的标准和程序，对公共政策的效益、效率和价值进行判断的政治行为，其目的在于取得有关这方面的信息，作为决定公共政策变化、公共政策改进和制定新公共政策的依据。陈庆云认为：公共政策评估就是对公共政策实施效果所进行的研究。这类观点强调：将公共政策评估的目的界定为评价公共政策执行在实现其预定目标上的效果。评估的重点是该公共政策在多大程度上解决了公共政策所指向的问题，以及该效果的取得是公共政策本身的作用还是公共政策以外其他因素导致的等。

在本书中，我们采取第三种观点，认为第三种观点更为合理。我们认为，公共政策评估的着眼点和对象应该是公共政策效果。换句话讲，我们认为，公共政策评估是依据合理的标准和规范的程序，对公共政策的效益、效率和价值进行的具有政治性的价值判断，其目的是通过对相关信息的综合，为调整和改进现有公共政策、制定新公共政策提供科学依据。

4.1.2 公共政策评估的功能和目的

4.1.2.1 公共政策评估的功能

公共政策评估不仅是技术上的科学分析，而且也是一种政治和社会过程。它是公共政策过程中不可缺少的一个重要环节，也是进一步完善公共政策实施效果的重要步骤。具体来说，公共政策评估主要有以下功能：

（1）提供政策运行的可靠信息，提升政策质量

政策评估可以运用科学的方法，针对政策绩效进行评估，以指出政策达成目标的范围和程度，以及社会对此政策的需求和价值判断。事实上，在政策制定过程中，决策者规划得再完善，也难免会有瑕疵或预料之外的结果出现；更何况几乎没有决策者能做到全面理性的规划。政策评估可提供相关的信息，作为决策者日后修正、完善政策的依据，逐渐提升政策质量。

（2）检验政策目标并发现政策执行中存在的问题

政策在执行时，往往会遇到政策方案不切实际，以至于执行困难的问题。此时必须对政策进行调整，重新形成政策问题，拟定政策目标，设计新的政策方案。如果是政策执行过程出现问题，则应该认真核查执行机构的工作流程、资源分配、人员配置、执行手段等，找出原因，强化政策执行。

（3）作为提出政策建议和分配政策资源的依据

政策评估提供的相关信息是决定政策是否应该延续、调整或终止的依据，同时也

是分配稀缺性政策资源的依据。只有通过政策评估，才能明确哪些资源配置是合理的、有效的，哪些资源配置是不合理的、无效的，从而根据问题的轻重缓急和价值判断，重新分配有限的资源。

（4）向各利益相关者提供政策信息，构建良好社会关系

政策评估可以向决策者、执行者、目标群体、社会公众等提供政策的相关信息，创造一个交流信息和发表建议的场所，形成良好的环境氛围。这有利于提高政策的认同度，推进政策的执行，减少阻力。

4.1.2.2　公共政策评估的目的

公共政策评估的目的是考察公共政策执行的效果是否达到了其预期目的。它决定了公共政策评估的方法、主体、评价标准等一系列政策评估的基本问题。发起政策评估工作的机构和人员，具有不同的动机和诉求，对于政策评估持有不同的目的。一般而言，可以将政策评估的目的按公共政策的效果划分为积极目的和消极目的。

公共政策评估的积极目的包括：比较各备选方案，为确定备选方案优先顺序提供依据；根据评估结果，提供改善政策执行程序和技术的参考；通过政策评估，明确政策的可行性程度，提供继续执行或者停止执行政策的参考；作为重新分配政策资源的根据，通过评估活动，分清不同政策的轻重缓急，对稀缺性政策资源重新配置。

公共政策评估的消极目的包括：拖延决策时间，政策制定者利用政策评价工作尚未结束、无法进行决策为理由，拖延决策时间；决策者利用政策评估的结果，指出其不实施某项政策或实施某项政策的理由，规避应负的责任；炫耀工作绩效，为本级政府或相关政府机构歌功颂德；夸大工作难度，要求增加政策活动经费，增加工作机构和人员；利用政策评估的某些结论，批判政策中存在的失误或不足，为要去政策调整编造理由，实现批评政策以达到改变政策的目的。

4.1.3　公共政策评估的类型

公共政策评估可以按不同标准进行分类。综合国内外学者的观点，大致有：以评估组织活动形式规范与否为标准将公共政策评估划分为正式评估和非正式评估；以评估主体的来源为标准将公共政策评估划分为内部评估和外部评估；以政策评估在政策过程所处的阶段为标准将公共政策评估划分为事前评估、执行评估和事后评估。下面进行将分别进行阐述。

4.1.3.1　正式评估和非正式评估

正式评估是指特定的评估主体通过执行包括既定的评估程序和步骤等环节的事先制定的相对完整的评估方案，对公共政策做出相对科学且客观的评价的活动。其优点是评估过程较为规范、评估方案较为科学、评估结论相对客观。其缺点是对评估主体、评估程序和评估内容要求较高，而且需要较高的成本。当然，因为正式评估的优点确定了它在政策评估中占据主导地位，其结论成为政府部门评估政策的主要依据。

非正式评估是指对政策评估的主体、形式和内容不做严格的限制，且对评估结论也不做严格要求，仅仅根据评估者掌握的情况对政策做出判断的活动。其优点是评估

方式灵活、简便易行、形式多样。其缺点是因为评估者的不确定、评估形式和内容的不规范导致用以评估的信息不全面，程序和方法的欠缺，从而使评估结论具有一定的主观性和片面性。

4.1.3.2 内部评估和外部评估

内部评估是由来自行政机构内部的评估者对公共政策进行的评估。根据评估者的身份可以将其划分为由操作人员自己实施的评估和由专职评估人员实施的评估。内部评估的优点是：评估者对政策制定实施的过程比较了解，对评估的重点较为清楚，且评估结论容易被政策制定者或实施者接受，从而有利于公共政策的调整和改进。其缺点是：评估者的利益与政策评估结论相关，容易降低评估结论的客观性。

外部评估是由来自政策机构以外的评估者对公共政策进行的评估。这些评估者可以是行政机构委托营利性或非营利性的研究机构、学术团体、专业性的咨询公司、大专院校，也可以是由投资或立法机构组织的或来自报纸、电视、民间团体等其他各种外部评估者。根据评估的性质可以将外部评估划分为委托评估和非委托评估。委托评估是指政策机构委托营利或非营利的学术团体、研究机构、专业咨询公司和高等院校对公共政策进行的评估活动。非委托评估是指外部评估者，如立法机关、司法机关、大众传媒和投资者等，出于自身工作的职责、社会责任感、研究目的、研究兴趣或相关利益而自行组织的政策评估活动。外部评估的优点在于评估过程较为公正、评估结论相对客观；缺点在于评估主体获取评估的信息相对困难，评估结论也不易得到重视和采纳。

4.1.3.3 事前评估、执行评估和事后评估

科学的政策评估应该贯穿政策实施的所有过程，所以将其划分为事前评估、执行评估和事后评估。

事前评估是在公共政策执行之前进行的一种带有预测性质的评估，所以也有学者将其称为预评估。其评估内容主要包括：一是对公共政策实施对象的发展趋势的预测，二是对公共政策可行性的评估，三是对公共政策效果的预测和评价。

执行评估是指对在执行过程中的政策实施情况的评估，即确认公共政策是否得到严格的执行。其优点是获取的评估信息具有及时性和有效性，从而有利于对公共政策执行过程的控制和管理，同时有助于对公共政策效果的评估。其缺点是评估的对象仅限于政策执行期间，评估结果带有相对的片面性。

事后评估是政策执行完成后对政策效果的评估，旨在鉴定人们执行的政策对所确认问题达到的解决程度和影响程度，辨识政策效果成因，以求通过优化政策运行机制的方式，强化和扩大政策的效果。公共政策的实施效果需要一定的时间才能显现，且不同的公共政策的实施效果显现的时间长度可能不同。所以事后评估是以政策效果为评估对象的政策评估的最为主要的评估方式。事后评估所处时间点的特殊性决定了其评估结论的重要性，或者说一项公共政策的延续、调整或者终止在一定程度上取决于对该项公共政策的事后评估结论。

4.1.4 公共政策评估的意义

公共政策评估对于改进政策制定系统，克服政策运行中的弊端和障碍，增强政策的活力与效益，提高政策水平具有重要作用和远大意义。

4.1.4.1 科学的政策评估可以有效地检验公共政策的实施效果

任何公共政策的制定或者实施都是依据制定者或者实施者所掌握的有限的信息，制定并实施一定决策的行为，而执行这些决策的社会环境和对象却千差万别，所以不论是在政策的制度过程中，还是在政策的实施过程中，政策方案或者政策实施手段存在一定程度的不合理或者不适当是难免的。但是这些政策方案中不合理的成分或者实施手段中不适当的部分只有通过对政策的实施效果的检验才能发现。通过不断地检验政策效果，或者说不断地政策评估，减少公共政策方案中的不合理成分，完善公共政策实施手段，进而提高公共政策的质量。总之，科学的政策评估有助于检验政策实施效果，提升政策质量。

4.1.4.2 正确的政策评估结论是政策继续执行、调整或终止的重要依据

一项公共政策是否继续，或者在多大程度上继续或者终止，主要取决于这项政策的实施效果。而政策的实施效果则一般需要政策评估来做出，所以政策评估结论基本决定了一项公共政策的基本走向。一般而言，政策的基本走向分为三种情况：一是政策继续，即通过科学的评估，发现该政策所指向的问题还未得到解决，其政策环境也没有发生大的变化。二是政策调整，或称政策变革。如果一项政策评估的结论认为，该政策在实现其目标时，存在一定程度的缺陷，这时该项政策就需要调整。另外，在执行过程中，遇到了新情况、新变化，原来的政策已明显不适应新的政策情况，也需要对原有政策进行调整或者革新，以适应新变化，更好地实现政策目标。三是政策终结，也就是完全终止原来的政策。政策终结分为两种情况：一种是政策目标已经实现，原有政策的存在已经没有意义，完成了一个政策周期，自然终结；另一种是政策环境或问题本身发生了非常大的变化，原有政策已明显不能解决问题，甚至是会使问题变得更为严重，无法通过局部调整或变革来实现政策目标时，就需要终结该政策，制定新的政策来实现其目标。

4.1.4.3 政策评估的常态化有助于公共决策科学化、民主化

随着公共政策的重要性被人们所认识，公共政策的制定和实施对社会经济发展越来越重要。同时政策评估作为政策过程不可或缺的组成部分也逐渐被强化，以至于常态化的政策评估成为现代社会发展的需要。政策评估主体结构、评估内容、程序、标准、方法和指标的科学化对加快决策的科学化和民主化具有重要的推动作用。通过政策评估，不仅可以检验政策的效果、效益和效率，更合理地配置政策资源，形成一种优先顺序和比例，而且可以与时俱进，随时抓住情况的变化，对政策做出继续、调整、终止的决定。

另外，公共政策何时评估，或者说公共政策的评估时点，对政策评估也非常重要。公共政策评估时点的选取与公共政策周期、公共政策影响周期密切相关。公共政策周

期是指公共政策经制定、执行、评估、监控、终结几个阶段后形成的一个完整周期。公共政策影响周期是指一个政策在执行、实施后对相关目标群体影响的时间，一般是从政策的出台开始，到政策的终止结束。需要指出的是，公共政策出台并不意味着政策起效。公共政策出台后，有一个宣传、消化、吸收的过程。选取公共政策的评估时点时需要注意，公共政策评估的重点是公共政策执行的效果，由于不同的公共政策起效周期不同，政策从出台实施后，真正落地、发挥作用、产生效果的时点也就不一致，导致不同公共政策的评估时点选取也不一致。所以进行公共政策评估时要特别注意评估时点的选择。

4.2 公共政策评估的实行

4.2.1 公共政策评估的主体和标准

公共政策评估是公共政策过程的重要环节，由谁来评估，依据什么样的标准，对评估结果发挥着重要作用。下面将分别进行阐述。

4.2.1.1 公共政策评估的主体

公共政策评估主体是指直接或间接地参与公共政策评估过程的个人、团体或组织。探讨公共政策评估的主体问题就是解决由谁来进行政策评估的问题。选择公共政策评估主体时需要注意：①评估主体的多元化。政策的公共性、民主性和公正性必然要求其评估主体的多元性。政策执行机构内部主体和评估的外部主体构成公共政策评估主体的多元性。此外，社会组织和公众作为政府行为相对人参与公共政策评估，不仅能够提高公共政策评估的客观性和全面性，更能够提高公共政策评估结论的公信力。②政策对象充分参与。政策对象是公共政策的直接作用体，对政策的合理性、公平性以及政策实施效果具有发言权。评估主体中作为政策对象的社会组织和公众的缺失，将会导致公共政策评估过程中相关利益群体和个人话语权的缺失，使得评估结论带有片面性。所以政策评估主体中适度吸收政策对象的参与可以提高评估结论的可信度。③评估主体的独立性。政策评估是对政策实施结果的评判，肯定涉及相关机构或人员的政绩或利益，难免会受到一定程度的干扰。因此评估主体的独立性成为评估结果客观性的保障。④评估主体的专业化。政策评估的专业性要求评估主体必须掌握关于政策方案和政策结果的足够信息和关于政策理论尤其是政策评估理论的足够知识，以保证评估结论的可靠性。因此对评估主体要不断进行专业知识的训练和评估经验的交流。

根据有关学者的观点，我国现有公共政策评估主体存在一些缺陷：①公共政策评估主体单一。现阶段我国的公共政策评估主体以官方为主，缺乏社会组织和社会公众的参与。②公共政策评估主体缺乏独立性。评估的方式造成公共政策评估主体和被评估的对象有着千丝万缕的利益关系，这就使得评估主体在公共政策评估过程中难以保持科学性、客观性和独立性。③评估参与主体不具有代表性。有些地方政府在公共政策评估过程中非常重视社会组织和公众的代表参与，但是由于这些代表的产生方式不合理，导致评估主体欠缺代表性和广泛性。④评估过程中不同参与主体的信息不对称。政府应该把公共政策制定的目的、规则、标准、实施状况等因素根据国家法律、法规和政策予以公开，使公共政策评估主体在评估前可以从有关部门获取评估对象全面、真实的信息，使他们能够结合自身的切身体验以及对被代表公众的信息汇总，做出科学、客观的评价。但有些政府部门在公共政策评估的过程中，为了满足自身利益而提供虚假、不全面的信息，使得评估主体难以在评估过程中发挥作用。

4.2.1.2 公共政策评估的标准

前文已经指出，政策效果是政策评估的核心。要弄清楚一项公共政策的效果是好是坏，是否达到了预期的目标，就必须要有一套评价的标准，即进行价值判断的尺度。公共政策评估标准是指对公共政策实施情况进行测量、评估的参照体系。评估标准的选择不仅取决于评估目标和评估者，还取决于评估的技术和方法。评估标准并不是由评估者随意设定的，它具有客观性，必须客观反映社会对公共政策的要求。

但在实践中，由于公共政策涉及面广，利益相关者众多，变量因素复杂，因此，设定一套统一的、能为绝大多数学者所共同认可的评估标准是十分困难的。首先是政策目标的影响。政策目标有时是不明确的、含混的，从而使评估标准无法确定。然后是法规制度的限制。有时因受政治上、法律上、制度上各种因素的限制，使评估者无法根据客观实际需要来设定评估标准。其次是政策效果有预期与非预期、正面与负面之分，因此在设定标准的同时要兼顾不同方面的需求是很困难的。最后是评估标准本身应力求数量化、具体化、客观化，但公共政策效果和影响有时往往是认知、态度、心理等主观层面的问题，而对这些问题的评估是非常不易设定量化且客观的评估标准。因此，总的来说，必须从系统论的角度出发，从整体性、多层次、多侧面、综合性的角度来考虑评估标准的设定。

国内外学者对公共政策评估标准有不同的表述。国外学者萨奇曼认为评估标准包括：工作量或投入的多寡、绩效、绩效的充分性、效率和过程。威廉·邓恩认为评估标准包括：效果、效率、充足性、公平性、回应性和适宜性。我国学者林水波和张世贤认为，政策评估标准应该包括工作量、绩效、效率、充分性、公平性、充分性、适当性、执行力和社会指标。不同学者有不同的观点，各有其侧重点。我们认为，公共政策评估的标准大致有这几个方面：①投入工作量，即在政策执行过程中所投入的各项资源的质与量以及分配情况。②绩效，即根据具体明确的目标，分析政策对客观事物与政策环境所造成的实际影响，绩效既包括政策推动的结果，又包含民众心中认定的满意程度。③效率，即投入工作量与绩效之间的一种比例关系。④充分性，即满足人们需要、价值和机会的有效程度，它反映了绩效的高低。⑤公平性，即公共政策所投入的工作量以及产生的绩效在社会不同群体中公平分配的程度。⑥适当性，即公共政策目标和所表现出的价值偏好，以及所依据的假设是否合适。具体地说，公共政策追求的目标是否是社会期望的，公共政策的成本与利益分配是否公平、公正。⑦执行力，即探求影响公共政策失败的原因，并进行因果模型的构建。⑧社会发展总目标，即对社会状态与发展的数量进行描述和分析，既反映过去的动向，又可以作为社会现状的说明。

4.2.2 公共政策评估的步骤

在学习公共政策评估的步骤之前，我们要先探讨公共政策评估的基本组成内容。首先是规范，即确定公共政策评估得以进行的标准。规范是科学评估的先决条件，在评估活动中具有举足轻重的作用。然后是信息，即收集有关评估对象的各种信息。这些信息既可以是高度精确的，也可以是很不精确的，既可以是定量的，也可以是定性的。其次是分析，即评估者运用所收集到的各种信息和定性、定量分析方法，对政策的价值做出判断，得出结论。分析是最基本的评估活动。最后是建议，即对未来的公共政策实践提出建议，以决定现有的公共政策是否延续、调整或终止。

公共政策评估是一个有计划、按步骤进行、有规律可循的系统过程。虽然评估的步骤会因评估类型的不同而有所区别，但一般而言，主要包括准备、实施和总结三个阶段。

4.2.2.1 政策评估准备阶段

周密的准备活动是评估工作的基础和起点，是评估工作得以顺利进行和取得成功的前提条件。组织准备充分，就能抓住关键问题，明确评估的中心和重心，避免盲目性。制订政策评估方案是准备阶段的核心任务，评估方案是评估活动实施的依据和内容，其合理与否直接关系到评估质量的高低和评估活动的成败。具体来讲，评估方案的制订包括这些步骤：

（1）确定评估对象。作为评估的客体，各项具体执行的公共政策是既定的。但是，由于公共政策具有相关性，一个政策结果的形成往往受到多项公共政策的共同作用与影响。要清楚地划分一项公共政策作用范围的边界并不容易。同时，并不是所有公共政策在任何时间都可以而且有必要进行评估。只有解决好评估什么的问题，才能把评估的目标、标准和方法确定下来。

（2）确定评估目的。评估目的决定了公共政策评估的基本走向。只有解决了为什么要进行评估这个问题，才能使参与评估的各类主体达成共识，统一行动步调。

（3）选择评估标准。公共政策评估是对客观事实的价值判断。事实分析与价值分析，以及它们的有机结合，是评估标准的基本内容。评估标准通常是个指标体系，即根据评估目的所选择的多个评估指标的集合。

（4）规定评估手段。解决好如何评估这个问题是这个环节的中心任务。它包括许多内容，如规定和提出评估工作的具体步骤和方法；建立评估工作的组织结构；选择合适的评估者等。

4.2.2.2 政策评估实施阶段

评估实施是整个政策评估活动中最为重要的阶段，其主要任务是采集评估信息，分析评估信息，做出评估结论。具体而言如下：

（1）利用各种调查手段，全面收集有关政策制定、政策执行、政策影响和政策效益等方面的信息。收集信息的技术和方法很多，各有特点，使用时可以相互配合和补充，保证所得信息的全面性、系统性、准确性。

（2）综合分析政策信息。在前一步的基础上，对收集到的有关数据和信息资料进行系统的整理、归类、统计和分析。

（3）选用适当的评估方法，对政策效果进行评估，做出评估结论。

在评估实施阶段，评估者应该坚持材料的完整性和分析的科学性两个原则，客观、公正地反映出公共政策的实际实施效果。

4.2.2.3　政策评估总结阶段

评估总结阶段的工作主要有两个内容：一是写出评估报告，二是总结评估工作。政策评估者应做出书面的评估报告，提交给有关领导和部门，使之了解政策实施的最终情况，及时根据情况决定政策的下一步走向。评估报告除了对政策效果进行客观描述、做出价值判断、提出政策建议之外，还应包括对评估过程、评估方法和政策评估中的一些重要问题进行必要说明，对评估工作进行总结，以便提高今后的政策评估水平。

如何看待评估者所写的评估报告的价值，同样存在分歧。那些一开始就是勉强同意或不赞成对该项公共政策进行评估的政策主体，自然对评估报告毫无兴趣。而那些支持评估的政策主体，对评估报告的态度也不尽相同，主要分为三种：对公共政策建议全部采纳、部分采纳或不采纳。盲目地全部采纳是不可取的，无需再讨论。问题在于部分采纳和不采纳上。对评估者来说，他们总是希望自己提出的建议能被政策主体所接受。因此，政策主体和评估者之间的分歧必然存在，妥善地处理这些问题，对二者都尤其重要。

4.2.3　公共政策评估的影响因素

公共政策评估在理论上和实践上都有着十分重要的意义。然而，在实际运作中，对公共政策进行系统、全面的评估却是十分困难的，面临着重重阻力和障碍。有些评估活动无法开展，有些评估活动只是形式缺乏实质，有些则与公共政策过程相差甚远。清楚地认识影响公共政策评估的各种因素，有利于形成对公共政策评估作用的合理期待，有助于推进公共政策评估顺利进行。

4.2.3.1　公共政策目标的多元性和弹性

公共政策评估的一个重要层面，是衡量该项公共政策是否达到目标，或者接近目标至何种程度。如果公共政策目标是单一的、明确的，并可用具体、量化的指标来表示，那么开展政策评估就较为容易。然而，一般情况下，公共政策所要解决的问题并不是单一的，而往往是复合的，通常是许多问题纠缠在一起。其中任何一个问题又包含着许多复杂的方面。因此，公共政策的目标往往是多元的、复杂的，有些目标之间还存在着矛盾。根据什么标准来确定多元目标的主次轻重并不是容易的事情。

同时，公共政策目标大多是弹性的，难以用具体、量化的指标来表达，这为政策评估增添了困难。有时，决策者还有意用含糊的、不太确定的形式来表达政策目标，以此增加某种应变能力。而且，有些政策目标设定的出发点并不在于解决问题本身，而是建立在满足政治要求的基础上，比如维护社会稳定，从而使政策评估难以用纯粹的科学尺度来衡量。

4.2.3.2 公共政策效果的多样性和影响的广泛性

正如前面所述，公共政策实施所产生的效果往往是多重的：既有预期的，也有非预期的；既有显现的、一目了然的，也有潜在的、不易感知的；既有实质性的，也有象征性的。正是公共政策实施效果的多样性和影响的广泛性，再加上许多影响政策的因素难以测定，这给公共政策评估工作带来极大的困难。比如，对我国计划生育政策进行评估就不能仅仅考虑到生育率的下降，还要分析由此带来的正面的、负面的影响，比如对家庭结构的影响、对性别比例的影响、对老龄化的影响等。

同时，政策实施效果的这些特性，还为反对政策评估的人提供了借口，为某些不科学的评价的出现创造了条件。例如，利益受损者可以从公共政策的广泛影响中选取对其有利的因素进行评价，而没有满足评估的全面性和客观性要求。

4.2.3.3 政策资源的混合与政策行为的重叠

政策资源的混合是指投入不同政策的资源彼此纠缠在一起，难以明确界定某些政策的总投入是多少。政策资源的混合使政策的成本难以核定，而政策的“纯效果”也难以测定。政策行为的重叠是指针对相同或相似的政策问题和政策目标群体，不同的机构和部门都制定并执行各自的政策。各自政策的效果混杂在一起，很难将某些政策的实际效果从总体效果中区分出来。

4.2.3.4 行动与效果之间因果关系的不确定性

公共政策评估是建立在政策行动与实际社会情况改变之间的因果关系之上的，即要明确哪些社会情况的改革是由公共政策行为导致的。然而，要在行动与后果之间建立清晰的因果关系并非易事。社会实际情况的改变，往往会受到公共政策行动之外的因素的影响。这些因素大致有：

内在变迁。社会事件或目标群体的状态会受自身内部因素的作用而发生改变，就像有些疾病会不治而愈。比如在评估扶贫政策的效果时，要考虑那些通过自己努力而脱贫致富的家庭与个人。

长期趋势。从长期来看，社会发展存在一些总体的趋势。这种长期的时间因素可能会影响结果的产生，提高或掩盖政策的净效果。比如，当经济社会发展到一定水平后，人们的生育意愿会自然下降，此时就可能高估计划生育政策产生的效果。

介入事件。在短期内，突发事件可能会对公共政策的效果产生影响。比如，严重流行性疾病的蔓延对短期内经济增长速度会产生相当大的影响。

4.2.3.5 信息获取的难易程度

评估活动依赖于充分的信息。如果缺乏足够的公共政策信息，政策评估就成了无木之本、无源之水，评估活动的科学性、可靠性就无从谈起。在我国，公共政策系统还比较落后，公共政策信息工作尚未引起人们足够重视。有些政策机构不重视信息管理，缺乏有效的政策信息收集手段和措施，所获取的信息和数据残缺不全，使得评估失去基础和依托。另外，政策机构往往以保密为由拒绝公开应当公开的政策信息和相关资料，对政策信息公开设置障碍，从而使评估者特别是外部评估者，难以获得足够的信息开展评估活动。

4.2.3.6　公共政策评估的资源保障水平

政策评估需要投入相当的人力、物力和财力。但是，在现实中，由于评估工作及其价值尚未得到人们足够的重视和认同，决策者和执行者并不愿意从有限的政策资源中拿出足够的人力、物力和财力进行评估活动。政策评估的资源保障常常处于短缺状态。而且，即使有的政策机构愿意提供政策评估所需的资源，他们也总是试图影响政策评估的结论，对评估活动形成人为的干扰。

4.2.3.7　相关机构和人员的态度

政策评估最终要对政策的绩效进行评估，对政策制定与执行的功过进行评估。这种评估可能有利于公共政策的决策者和执行者，也可能对他们产生不利影响，损害其切身利益。因此，与政策相关的机构和人员对政策评估既可能支持赞成，也可能反对抵触。他们的态度取决于政策评估结果对其利益的影响。

公共政策评估往往受到相关机构和人员的抵制。这是因为：官僚组织具有天然的“惰性”，习惯一如既往地运行，不喜欢变革，而评估往往意味着变革的开始；担心政策评估会得出损害他们利益的结论；对公共政策过程的独占心理驱使他们反对他人进入，以免影响他们行动计划的开展；人们具有本能的支配心理，在潜意识里对自己及自己选择的计划和行动方案有所偏爱，喜欢品评他人而不愿意接受他人批评。相关机构和人员的抵制主要表现为拒绝提供评估经费和资料，藐视、贬低或否定评估结论等。

公共政策评估质量的高低受很多因素的影响，清楚地认识这些因素不但有利于形成对公共政策评估作用和效果的合理期待，也有助于推进公共政策评估的顺利进行。

4.3　公共政策评估的失效分析

4.3.1　政策评估的误区

公共政策评估从理论规范的角度出发是一种出于公共目的、意在确定政策与事实之间因果逻辑关系的理性行为。总的来说，影响公共政策评估结论失误的因素可概括为两个方面：一是政策评估者的自身缺陷，它将会把评估结论带入主观故意的误区；二是政策制定、执行者对评估者的干预，它使评估者可能违背自身意志得出扭曲的结论。前一种为主观误区，后一种情形为客观误区。

4.3.1.1　主观误区

主观误区主要是指这样一种情形：政策评估者出于各种可能的不良动机，有意识在夸大或缩小、掩盖或曲解评估中的某些事实，或者含混评估中的某些是非原则，以求实现某种特殊的目的。主观误区有三个共同点：第一，其评估动机从一开始就背离了“实事求是”的原则，但却试图经合法的评估程序得出事先商定的结果；第二，评估方法徒有虚名，具有典型的形式主义的特点，却试图经合法的评估形式将评估活动引向自己期望的方向；第三，政策评估内容方面的失真性、模糊性与形式方面的周全性、科学性的非正常统一，使主观误区的政策评估具有隐藏性和欺骗性。具体而言，主观误区的政策评估主要有这些表现形式：

(1)“以表象取代事实”，表现为文过饰非，规避责任，在提供事实时矫情造势，隐藏某些关键性的事实，甚至不惜提供伪证，借以掩盖自己的政策举措失当甚至无能，或者借以推卸自己应负的责任或将责任推给他人。

(2)“以形式取代研究”，表现为最终的政策决定实际已经做出，或者对某些政策的实践效果已经形成定见，但却要借政策评估的形式肯定其定见的合法性。

(3)“以政治取代科学”，表现为借评估者攻击一定的政策或攻击一定的政策主体，而不顾及政策实际的效果，甚至运用不正当的评估诋毁对手，其目的不在于政策以及政策评估本身，而在于政策背后的利益。

(4)“以研究取代服务”，表现为借科学评估之名，使政策决定或政策终结迟迟不能完成，政策的效率因素受到损害。

(5)“以社会目的取代政府目的”，表现为借评估过高地估计本政策的实际效果，并通过媒介的巧妙运用夸大宣扬本政策的绩效，以此博取功名。

(6)“以获取资源取代政策目的”，表现为借评估证明政策的重要性，同时证明客观资源的不足乃是影响政策的主要原因，进而试图改进政策目标与政策资源的比例约数，要求更多地获取政策资源，尤其是经费等经济资源。

4.3.1.2 客观误区

客观误区是指另一种政策评估的情形：政策评估主体的主观动机虽然是正当的，评估方法和程序亦是合理的，但由于客观评估条件的限制，评估的过程和结果并不能反映客观的事实，或者不能准确地反映客观的事实，或者不能全部反映客观事实，以至于评估的结果不一定可靠，不一定可信，从而使政策评估的功用极为有限。政策评估的客观误区主要包括：政策目标的不确定性、政策效果的不确定性、因果关系的不确定性等。由于这些内容与下面将要阐述的政策评估的障碍中的一些内容重复，在此不做详细论述。

4.3.2 政策评估的障碍

由于公共政策在国家发展和社会进步中的巨大作用，政策评估显得尤为重要，评估研究也逐渐引起重视，成为一个独立的研究领域。但政策评估作为政策过程的一个环节，却存在着诸多障碍，影响评估的科学性。影响公共政策评估的障碍来源是多方面的，有的源于政策本身，有的源于政策制定者，有的源于评估者，有的源于评估条件等。这些障碍在很大程度上影响和制约了公共政策评估的科学性，因此有必要对这些障碍进行分析研究。

4.3.2.1 来自公共政策本身的障碍

来自政策本身的障碍主要是由公共政策本身固有的特点决定的，即公共政策的

“多重不确定性”，包括政策目标的不确定性、政策效果的不确定性、因果关系的不确定性等。

（1）政策目标的不确定性。政策评估的一项重要任务就是衡量政策是否达到预定目标，这要求政策本身具有明确的、可测定的目标。但是，由于政策问题的复杂性以及政策制定者的一些主观因素，使政策目标难免出现分散和不确定的情况，比如：许多政策目标不可量化，像一些政治类和文化类的政策；多数政策具有多重目标，并且有些目标之间还存在着矛盾；在政策执行过程中，政策目标还可能发生变更而被修正；决策者有时有意用含糊的、不太确定的形式来表达政策目标，以此增加某种应变的能力。以上这些情况都可能导致政策评估主要价值标准的选择和价值标准序列出现混乱，增强了政策目标的不确定性，从而给政策评估造成极大困难。

（2）政策效果的不确定性。一项政策的影响往往涉及社会生活的多个层面，其中有预期的影响，也有非预期的影响；有直接的影响，也有间接的影响；有即时的影响，也有长远的影响；有实质性的影响，也有象征性的影响。例如，我国的计划生育政策的基本目标是控制人口数量，提高人口素质。但是，这项政策的执行效果却不仅仅是对人口数量产生影响，还带来了一系列连带效果，这项效果有正有反、有利有弊，如：它使人们逐渐改变了“多子多福”“养儿防老”等传统的婚育观念，促使人们逐渐形成“晚婚晚育、少生优生”的婚育观念；它有利于妇女的身体健康，增加了妇女参加社会工作的机会，提高了妇女的社会地位等。但是，这项政策的实施也带来了一些负面影响：它使我国出生婴儿比例失衡，导致独生子女户存在后顾之忧，使干群关系紧张，使我国人口老龄化趋势加快等。政策效果的多样性和不确定性，以及许多影响政策的因素难以确定，这就给评估带来了很大的困难。同时，政策效果的不确定性还为某些反对评估的人提供了借口，也为某些不科学的评估的出现创造了条件。比如：有些评估者从局部利益出发，往往从广泛的政策影响中选取对本身有利的因素进行评估，而把另外的一些影响人为地忽视掉，从而影响了评估的全面性和客观性。

（3）因果关系的不确定性。因果关系是公共政策过程中的一种基本的关系形态，也是政策评估需要确定的基本的关系形态。但是，在实际的评估活动中，人们经常难以充分地证明：某种客观情形的改变是否直接起因于某一项公共政策的实施，即是否由于某一项公共政策的实施而导致了某一社会事实的出现；或者某种客观情形的改变是与多项政策的实施紧密相关的，即是否是多项政策同时作用的结果。比如：粮食产量的增加是否完全是一项关于增产粮食的农业政策的结果？显然，这一农业政策可能在其中发挥了主导作用，但是并不能完全归功于该政策，因为还有其他一些政策在起辅助作用。因此，在政策评估中，在所有因素中，究竟哪一个因素起主导作用，哪一些因素发挥重要作用，哪一些因素发挥了一般性作用，常常是政策评估者面临的一大难点。

4.3.2.2 来自政策制定者和执行者的障碍

来自政策制定者和执行者的障碍也可以说是政府态度的不确定性，政府、政府机关、政府官员既可以是政策评估最强有力的支持者，也可以是最强有力的反对者。因此政策评估最终都不可避免地涉及政策功绩的判断，而政策是由人来制定并执行的，政策评估客观上是对有关人员行为的一种价值判断。据此，政府的态度便取决于他们对政策评估价值判断倾向的认同程度。在许多情况下，尤其是在评估主体来自政府体制之外时，作为“组织”的政府及其工作人员常常会在认识上产生误区，如持有怀疑、抵触的态度，并在行动上进行阻挠。

首先是认识上的误区。认识上的误区主要表现为对评估的态度消极，甚至是反对。究其原因主要有：一是担心评估会得出不利于他们的结论，从而影响他们的前途和利益。对于政策制定者和执行者来说，政策制定和执行倾注了他们大量的劳动和心血，而评估的结论与他们的个人利益紧密相关，特别是评估的结果往往涉及政策制定系统的各个组成部分中担当特定角色的具体人员的素质和能力评判问题，因此，对于那些处在重要领导岗位、掌握实权但素质与能力低下的政策制定者而言，他们往往会对评估持有消极甚至是竭力反对的态度，往往将对其不利的评估结论视作“不同政见”，漠视乃至抵制评估结论。二是对政策过程的独占心理驱使决策者反对他人进入他们所独享的政策过程。政策评估的性质决定评估必然要寻找政策及执行方面的问题，并分析原因以促进资产的科学化，这势必会透视被少数政策制定者所垄断的较为隐秘的决策过程，决策者担心这一举措会有损他们的神秘形象，有损他们的政策权威，从而容易引起他们的反感。

接着便是行动上的阻挠。人本能的支配心理使得政策制定者和执行者往往对评估表现出抵触，如拒绝提供评估经费，拒绝提供评估所需的真实资料，甚至提供经过筛选的虚假信息，力图掩盖事实真相，更有甚者采取其他手段给评估设置障碍。在政策评估面临的所有困难中，人为的抵触是最直接的也是最严重的困难。

4.3.2.3 来自评估者的障碍

来自评估者的障碍主要有两个方面，其一是评估者不能超脱私利而搞形式评估，其二是评估者的素质和能力不足。所谓的形式评估是指评估者囿于个人的私利按照事先设定的结果进行操作，评估的目的是通过合法化的程序得出事先设定的结果。因此，在评估方法上常以定性分析代替定量分析，以价值分析代替实证研究。其结果是使评估流于形式。而所谓评估者素质和能力不足则体现在，在实践中，由于评估者的素质和能力参差不齐，往往无法较好地兼顾实证研究工作与理论分析工作。但政策评估却是一项集实证研究与理论分析于一身的工作，它对评估者的素质和能力有着较高的要求，即评估者不仅要掌握评估技术方法，还必须具备一定的理论素养和分析能力。

4.3.2.4 来自评估条件的障碍

物质基础是政策评估科学化不可或缺的重要保证。物质基础不具备势必会影响政策评估，主要是资料和经费。

首先是资料不足的问题。如果没有足够的资料，政策评估就成了无本之木、无源之水，因此收集真实而全面的资料和各种数据是进行政策评估的基础和前提。但是在实践中，出于种种原因，如：政策制定与执行机关不重视信息管理，或者信息系统不完备，或者对政策信息的收集和处理散乱，或者不情愿向评估者提供真实信息等，使政策评估所获得的资料往往是残缺不全、杂乱无章的，这些会大大增加政策评估的难度。

接着是经费不足的问题。政策评估是一项复杂、系统的工作，需要投入相当的经费、设备和人力。但在现实中，评估工作及其价值尚未引起人们足够的重视和认同，有关部门往往肯在政策制定和执行方面投入资源，但却不太愿意从政策资源中拿出成本做评估之用，导致政策评估常常处于经费短缺状态，即使有的机构愿意提供经费，但数量有限并且总是千方百计试图影响评估的结论，这会使得评估的科学性大受影响。

4.3.2.5 其他方面的障碍

除了上面所述的障碍外，还有一些其他影响公共政策评估的因素，比如政策成本与收益不易核算、政策评估结果闲置无用等。一方面，政策评估必须搞清楚政策的成本与收益。由于政策资源在投入时往往对几个同时实施的政策的资金采取同时拨付，所以常常不能做到专款专用，并且许多政策是建立在原有政策的沉淀成本基础之上的，无形中增加了政策成本的计算难度；此外，政策的收益也存在难以量化的问题等。这些问题都成为政策评估科学化的障碍，不利于政策评估顺利实施并达到预期效果。另一方面，由于政策评估主客观方面存在诸多障碍，政策评估的结论即使准确，也常常受到政策制定机关和执行机构的非议和冷淡而被束之高阁。这样就会使得政策评估难以推动政策科学化。

4.3.3 关于发展我国公共政策评估事业的思考

随着社会进步和时代的发展，政策评估日益受到人们的重视，政策评估科学化和法制化的要求也日益强烈。虽然我国政策科学研究的起步较晚，但近年来，我国政策科学研究以及公共政策评估等方面的研究都取得了一定的发展。随着我国政治体制改革的不断深入以及政策科学理论与实践的逐渐深化，公共政策评估在社会发展中的作用越来越重要。因此，需要对我国公共政策评估事业进行下面的思考。

4.3.3.1 我国公共政策评估存在的问题

综合各学者的观点，以及我国政策评估实践中的具体情况，我们认为我国政策评估活动还存在这些问题：

（1）公共政策评估理论不完善。与西方国家相比，我国的政策科学起步较晚，近年来虽然我国的政策科学研究，特别是政策评估研究不断深入，取得了一些成绩，但整体而言，我国的政策评估理论在很多方面还不是很成熟，需要进一步研究。

（2）公共政策目标的模糊性和多变性。公共政策评估是考察、检验政策实施是否达到了预期目标，或者在多大程度上达到目标。但是因为我国公共政策的特点以及政策本身的性质，政策目标往往比较模糊，不够清晰。而且，许多公共政策目标具有多重性，很难量化。更为重要的是，在公共政策执行过程中，政策目标可能因客观环境的变化或政策制定者的意志的改变而发生调整。

(3) 公共政策评估组织不规范。政策评估组织一般应该包括官方评估组织和非官方评估组织。我国政策过程的一个显著特点是行政的双轨结构功能系统，即从中央到地方的各级的党委与各级人民政府，中央设有中共中央政策研究室、国务院发展研究中心、国务院国际问题研究中心，各级地方党委和政府设有政策研究室，分属党委和政府两个系统。这些机构中也设立了相应的政策评估机构，但是这些机构仅代表官方的政策研究机构，不包括非官方的政策评估机构，也就是说，我国的政策评估机构还不够规范。

(4) 缺乏正确的政策评估机制。我国的政策评估理论的缺陷和实践经验的不足，导致我国还没有建立科学的公共政策评估机制，导致评估工作主观随意性很大，评估目的和动机不当往往使得政策评估没有真正发挥效能。

(5) 评估信息管理机制的不健全。政策评估是根据政策及其实施效果的相关信息对政策效果进行总体判断，所以所需信息的权威性、客观性、全面性和有效性是政策评估质量的保障。目前我国政策评估信息管理机制和体制还不够健全，使得相关资料不完整，统计数据不准确，也使得公共政策评估难以获得有效的信息。

(6) 公众对公共政策评估的参与度不够。公众愿意，并且能够积极参与公共政策评估是政府政策深入人心、发挥作用的保障，也是其改善与公众关系、提高公共服务质量的需要。但是，传统行政管理自上而下的金字塔形的等级模式限制了公众参与政策评估的机会。即使公众参与了政策评估活动，其关于政策的观点在总体观点中的权重也很小。这种现状导致评估结论的可靠性大大降低。

4.3.3.2 我国公共政策评估存在问题的对策

针对我国公共政策评估存在的问题，我们建议要从以下几个方面去解决。一是强化公共政策评估意识。公共政策评估意识是政策评估成功的思想保证，评估意识的薄弱是公众政策评估质量的最大障碍，所以决策者、评估者及相关主体必须深刻认识到政策评估的重要性实现公共政策评估的科学化和常态化，提高政策评估的精确性和准确性，从而提高公共政策决策的效率。二是加强公共政策评估理论研究。较为完善的理论是优化公共政策评估制度和体系的前提，没有扎实的基本理论做支撑，就不可能建立科学的政策评估制度、健全的政策评估体系及合格的政策评估队伍，政策评估活动就不可能取得满意的结果。三是建立高效的公共政策评估组织。公共政策评估组织是进行有效评估的组织保障，不仅要在党政系统内部建立政策评估组织，而且还要建立政策评估的非政府组织。更为重要的是，这些组织必须具有科学、高效和准确进行公共政策评估的能力。四是完善政策评估信息网络系统。信息既是决策的基础，也是评估的依托。应建立覆盖全社会的快速信息反馈网络，最大限度地实现决策中心、评估组织和公众之间的有效沟通，最大限度地避免信息截留、失真。五是积极探索科学的公共政策评估方法和指标体系。科学的政策评估方法和全面准确的政策评估指标体系是保证公共政策评估得出可靠结论的技术保障。现行的政策评估方法存在不少缺点，评估主体必须根据政策的类型和性质，不断地探索和选择合适的政策评估方法。评估指标的选择及其权重的设计是评估主体长期钻研的问题。六是实现公共政策评估的制度化。公共政策评估制度化事提高政策评估质量的重要保证。随着社会经济的发展，公共政策的重要性越来越被强化。公共政策也无时不在、无处不有。所以将公共政策评估制度化、常态化是政策决策的需要，更是社会发展的需要。七是重视公共政策评估结论的消化和吸收。要重视政策评估质量，合理利用政策评估结论，以期达到公共政策目标，促进社会发展。

5 公共政策的终结分析

5.1 公共政策终结的概述

在获得公共政策结果的信息后，公共政策决策者面临着对公共政策去向的判断和抉择：是应该终止该政策，还是继续下去，或是加以调整和革新。如果决定终止某项政策，就意味着该项公共政策生命的结束，即公共政策终结。它是公共政策过程的最后一个阶段。对一项被证明是无效的或已经完成其预定目标的公共政策进行及时的终结，有助于提高公共政策的效率。接下来，我们将对公共政策的终结进行分析。

5.1.1 公共政策终结的含义

世间万物都要遵循从产生到发展再到衰亡的自然规律，公共政策也不例外，也有终结之时。而关于公共政策终结的内涵，国内外学者给出了不同解释。布鲁尔认为：政策终结是政策与计划的调试，大凡政策与计划无法发生功能或已经成为多余时，甚至不必要时，则将政策与计划予以终止或结束。德利翁认为：政策终结是政府当局对某一特殊功能、计划、政策或组织，经过深入评估而予以结束或终止的过程。丹尼尔斯认为：政策终结是对政府项目、政策、组织的终结，也是组织为削减预算对自身的调适和政府服务民营化而产生的削减。陈振明认为：公共政策的终结是政策决策者通过对政策或项目进行慎重的评估后，采取的必要措施，以终止那些过时的、多余的、不必要的或无效的政策或项目的一种政治行为。林水波认为：公共政策终结隐含了一套期望、规则与惯例的终止，政策活动的停止、机构组织的裁撤，同时它也是新期望的提出，新规则、惯例的建立，新活动的展开，机关组织的更新与发展。

综合以上观点，结合我国实际情况，我们认为公共政策终结是政府决策者根据政策评估结果，对已经无法发挥其功能、多余或者过时的政策与计划予以终止或结束，是政府的再决策行为。需要从以下几个方面对这个定义进行深度理解：

首先是政策终结的主体应该是政府，其他任何组织或个人无权终结公共政策。但政策终结的过程是政府与公众互动的过程，不是政府单方面的行为与决策；政策终结的客体是实施中的不能发挥其正常功能、多余或者过时的政策或计划。

然后是政策终结是政策过程的重要环节。政策终结处于政策过程的末端，是政策过程的最后一个环节，由于其较少发生，人们往往忽视它的存在。在这里，我们强调政策终结是完整的政策过程的不可缺少的有机组成部分，它是优化政策系统，提升政策系统科学化、理性化不可忽略的环节，在政策过程中占有重要地位。

其次是政策终结的前提是科学的政策评估。政策终结是建立在审慎评估的基础上而做出的科学决策行为，政策评估的结果决定了政策终结是否会发生。当评估结果显示，政策无法发挥其功能，以及过时或者多余，或者已经无效甚至有若干反功能时，政策终结将被启动。

再次是政策终结是一个发展的概念。在政策生命周期的视野中，政策终结实际上所包含的是旧的政策寿终正寝和新的政策粉墨登场这样的含义，它起到承上启下、吐故纳新的作用。政策终结并不是一种消极行为，而是具有积极意义的公共政策变迁和调整，既是前一项公共政策周期的终结，又是后一项公共政策周期的开始；既是一个旧周期的终点，又是一个新周期的起点。

最后是政策终结是一个政治过程。公共政策除了可以解决具体的经济社会问题之外，还是政府协调各种社会力量、实行政治统治的工具。政策终结意味着各种社会力量的利益平衡被打破，在政策终结的过程中，往往包含着各种社会力量的斗争和博弈，这些斗争和博弈甚至会反映在议会等最高决策机构层面，因此，政策终结的过程是一个颇为复杂的政治过程。由于政策终结暗含着错综复杂的利益斗争，因此它要求决策者运用超高的政治智慧和政治艺术，采取灵活的策略，加以妥善处理。

5.1.2 公共政策终结的内容

公共政策的终结有四种内容。它们在政策终结中所遇到的阻力依次递减，其中功能遇到的阻力最大，最难消失。即使在组织被撤销以后，政策的功能也可能由别的组织来执行，组织或机构遇到的阻力次之，既存的机构组织会不断地自我调整以适应变化了的环境。相对而言，政策本身和项目由于其面对终结时能找到的同盟最少，因此阻力也就最小。

5.1.2.1 功能的终结

功能的终结即终止由政策执行所带来的某种或某些服务，在政策终结的所有内容中，功能的终结最为困难。因为一方面，功能的履行或承担，是政府满足人民需要的结果，若取消，势必会引起有关方面的反对；另一方面，某项功能往往不是由某项政策单独承担的，而是由许多不同的政策和机构共同承担的，要予以终止往往需要做出大量的组织和协调工作。

5.1.2.2 组织或机构的终结

伴随着政策终结进行的机构缩减或撤销，就是机构终结。有些机构是专门为某些政策而设立的，随着政策的终结，机构也随之撤销；有些机构，往往同时承担着多项政策与功能，某项政策的终结不足以导致机构的撤销。因此，通常的做法是通过缩小规模、减少经费等办法对机构进行缩减。机构终结的困难也比较大，因为它关系到有关人员的切身利益，在实施时难免遭到有关人员的强烈抵触，使得机构终结无法顺利进行。这就是为什么我们会在现实生活中看到许多本该随着某些政策历史使命结束而应裁撤的机构仍然存在的原因。

5.1.2.3 政策本身的终结

与前两种终结相比，政策本身的终结所遇到的阻力较小。这是因为，就某项具体政策而言，其目标比较单纯，如教育政策、社会福利政策等，容易进行评估并进行取舍。另一方面，政策更改的成本远比功能转变、组织调整要小得多，因而容易得到实际部门的认可。再加上政策的可选择性较大，也使得政策本身的终结在操作上比较容易实现，不像机构终结那样受到多方面的牵制和约束，不容易操作，实行起来步履维艰。

5.1.2.4 项目的终结

项目终结即政策的具体项目以及执行措施的终结。在所有的终结内容中，项目的终结最容易达成。因为具体项目以及执行措施与实际问题相连接，结果好坏或影响怎样有目共睹，容易达成共识。

需要注意的是，政策终结各内容之间并不是相互孤立的，它们之间常常会一损俱损、一荣俱荣，但又不完全是相互连带的关系。具体来讲，比如功能的终结伴随着政策或项目的终结，但是可能不会引起机构的终结；再比如机构的终结和政策的终结相互联系，但是并不意味着功能的终结。政府外包服务就是很好的例子，政府将某项服务外包给企业或者非营利性组织，就意味着政府不再承担此项职能，但可能相关部门或机构仍然存在，只是转变了职能，转而承担政策制定和监督管理等宏观职能。

5.1.3 公共政策终结的原因

一项公共政策没有达到预期目标或对它要解决的社会问题没有发挥作用，其原因是多方面的。可能是由于公共政策的投入不足，或者是由于该公共政策在实施过程中遇到的目标群体不配合甚至抵制，也可能是由于某项政策所造成的负面影响太大，或者是由于一些社会问题非常的复杂，解决的难度很大，或者政策问题的变化较快，而该政策制定和执行的环境因素也处在不断的变动之中等。这些都会导致公共政策无法发挥其预期的作用。具体来讲，导致公共政策终结的原因如下：

5.1.3.1 政策系统本身的要求

政策系统是一个不断进行新陈代谢的开放系统，随着社会经济发展以及国际形势的变化，无论是政策系统可利用的资源，还是政策所要解决的问题，都处于一种不确定的变动之中，政策系统只有保持其开放性、不断地与周围环境互动、修正自身的不足，才能获得可持续发展。我们常常发现，一项政策的制定花费了大量的时间，经过了严格的调查和科学的论证，经过一段时间的运行后，由于主客观环境发生了变化，政策效力开始逐步递减，进而失效或产生负效应。所以，政策系统只有不断地推陈出新，随着环境的变化废除旧的政策、制定新的政策，才能保证政策的科学与理性。

5.1.3.2 政治观念或者价值取向的转换

一般来讲，我们认为政策终结的原因是因为政策的无效或者过时。德利翁和卡梅伦却提出了另外的观点，他们认为相对于政策评估结果，政治价值观念和意识形态的变化在政策终结中更能起到核心作用。德利翁指出：是价值立场而不是严密的分析或者评估引发了政策终结活动。卡梅伦进一步指出：在当局做出政策终结的决策之后，与决策者思想不一致的数据将被忽略或者搪塞过去，对价值信条的绝对忠诚比对政策终结潜在的风险的研究调查要重要得多。纵观世界各国经验，他们的理论具有相当的解释力，即一旦政治观念或者当局的价值取向发生变化时，公共政策的相关内容也必然发生变化。

5.1.3.3 财政困难、财政赤字、税收减少而导致政策或者项目的终结

政策资源是政策继续的保障，当出现财政方面的问题时，某些政策就可能面临终结。比如在20世纪80年代，英美废除了相当一部分福利政策，最主要的原因就是这些福利政策给政府带来极大的财政负担。而福利政策的终结减轻了财政负担，保证了自由市场经济的快速发展。

5.1.3.4 政策目标已经实现

当一项政策的目标已经实现，问题已经解决，政策就没有了持续下去的必要。过期的政策不仅不能有效地解决社会问题，反而会导致社会治理成本的增加、资源的浪费、政府信任关系的消解等问题，及时地终结政策有助于减少或缓和政策冲突与矛盾，也能大大提高公共政策的效率。

5.1.3.5 政策自身消极作用大于其积极作用或局限性大于其有效性

任何一项政策都不同程度地存在着副作用，当政策出现不能在其适用范围内发挥作用或者发挥的作用极为有限时，可以通过政策调整使其继续发挥作用，或是终结该项政策实行政策更替。

5.1.4 公共政策终结的方式

巴达克在其《作为一种政治过程的政治终结》一书中提出了政策终结的两种路径。第一种路径被称作“大爆炸”式的政策终结路径。在这种路径下，政策终结是一个已决议的事项，它在强力推动下迅速转换，由于发生得极为迅速有力，反对者甚至没有时间做出反应。这也是最经常发生的路径。第二种被称作“缓进式”的政策终结路径，也叫作逐步删减策略。这种路径步调十分和缓，通过一步一步地减少组织或政策资源，消除组织的功能，逐步地终结政策。结合我国的实践，具体来讲，政策终结的形式主要有以下几种：

5.1.4.1 政策废止

政策废止即直截了当宣布一项政策的废止。政府根据政治、经济和社会经济形势的发展变化，不定期地清理、废止不合时宜的政策。

5.1.4.2 政策替代

政策替代指的是新政策替代旧政策，但所面对的问题不变，所要满足的要求也不变。在这里，新政策是对旧政策的补充和修正，目的是更好地解决旧政策所没有解决好的问题，以充分实现政策的目标。

5.1.4.3 政策合并

政策合并指的是旧政策虽然被废止了，但政策要实现的功能并没有取消，而是将其合并到其他的政策中去。政策合并有两种情况：一是将原有的政策内容合并到现有政策中，作为现有政策的一部分；二是将多个旧政策经过调整，合并成一项新政策。

5.1.4.4 政策分解

政策分解指的是将旧政策的内容按照一定的原则分解为几个部分，每个部分各自形成一项新的政策。当原有的政策过于庞杂，目标众多以至于影响到该政策的有效执行时，常常采用分解的办法，将原政策按主要的目标分解成几个较小的政策，这样有利于执行者明确政策目标，提高执行效率。

5.1.4.5 政策缩减

政策缩减指的是采用渐进的方式对政策进行终结，以缓冲终结所带来的巨大冲击，逐步协调好各方关系，减少损失。主要表现形式有：缩小对政策的资源投入，减小实施范围，放松对政策执行的控制等。政策缩减的另一种方式是：把政策中过时的不合时宜的部分废除，而保留原来政策中合理的部分。

5.1.4.6 政策的法律化

一项经过长期实行、确实有效的政策，为了提高其权威性和强制力，经过立法机关或授权立法的行政机关的审议通过，上升为法律或行政法规，这是另一种意义上的政策终结。

5.1.5 公共政策终结的地位与作用

公共政策的终结是公共政策发展的重要前提和基础，而公共政策的发展对规范和促进经济与政治的发展都有着重要的作用。在现代社会，随着社会的发展和社会事务的日益复杂多样，公共政策在引导和规范社会生活中的作用更加重要，因此，及时终结一项失误的或是已经完成使命的公共政策意义重大。

5.1.5.1 政策终结的地位

政策终结在政策过程中的地位主要表现为两个方面：一是政策终结宣告了旧政策的结束，二是预示着新政策的启动。旧政策的结束就意味着原有政策活动的终止，相关期望和利益的转移，规则和措施的取消，有关机构的裁减或撤销，相关人员的分配与安置等。而新政策的启动则意味着新的期望和利益的建立，新规则和措施的实施，组织机构的更新与创建，相关人员的选择与安排。政策终结既是结束，也是开始，在政策的周期循环中担负着承上启下、开拓未来的关键任务，是政策过程中一个不可或缺的环节。

5.1.5.2 政策终结的作用

首先，有利于节省公共政策资源。一方面财政和社会资源对于任何一个国家或地区的政府来说都是有限的，而公共政策的制定和执行则需要投入大量的资源。如果不能及时终止一项已经过时的或者是无效的公共政策，那将是对有限的公共政策资源的极大浪费。另一方面，如果无效的公共政策继续执行下去，不仅不会给社会带来任何效益，甚至会造成某种危害，尤其是当这项公共政策有错误时，它会导致资源配置低效、无效甚至是失效，从而浪费社会资源，加重政府的财政负担。及时地终结失效或者无效的公共政策，可以将有限的资源最大限度地投入到新的公共政策上去，以产生更大的政策效益。

然后，有利于提高公共政策绩效。旧政策的终结意味着新政策的启动、新规划的诞生以及相关机构和人员的更新与发展，这无疑有利于更好地解决问题，促进公共政策绩效的提高。尤其是在当代社会，世界呈现出多极化趋势，其影响所及，使得各国公共政策问题的类别、性质随时间和空间的变化也不断变化并日趋复杂。在种种障碍和制约因素的影响下，公共政策决策者难免制定出无效的或是错误的公共政策。因此，一旦在变化发展的环境中发现某项公共政策无法解决面临的困难和问题，公共政策决策者必须及时终结原公共政策，不断调整自己的政策行为，才能在发展与变动的环境中充分运用有限的资源，取得更好的公共政策绩效。

其次，有利于避免公共政策僵化，促进政策的更新。所谓的公共政策僵化，指的是一项长期存在、没有及时予以终结的公共政策，在发展变化了的环境下，继续执行该项公共政策，不仅不能解决问题，反而成为解决问题的阻力和障碍。公共政策僵化将会带来严重的后果。公共政策作为政府行为，一经颁布就具有了强制性，成为社会行动的准则。如果人们违背一项没有宣告终结的公共政策，这项具有合法性的公共政策必然会做出反应，给予相应的约束和制裁，由此也就遏制了人们的积极性和创造性的发挥。因此，通过公共政策终结可以避免出现公共政策僵化，终结一项不适应时代要求的政策，会给社会带来活跃的氛围。

最后，有利于促进公共政策优化。公共政策在社会发展中具有举足轻重的作用，公共政策既能促进一个社会的繁荣，也能使一个社会濒于崩溃的边缘，对于我国来说，改革开放政策与“文化大革命”政策分别是这两种情况的典型例子。从某种意义上讲，一个社会或国家的命运在很大程度上取决于其公共政策的水平。由于社会的繁荣和落后在时间上是相对的，在空间上是动态变化的，因而就要不断提高公共政策水平，即对公共政策进行优化是很有必要的。公共政策终结有助于促进公共政策优化，体现在两个方面：一是公共政策人员的优化。公共政策人员不仅包括公共政策决策者，还包括公共政策执行者以及参与公共政策过程的其他人员。由于公共政策终结意味着人员的裁减与更新，因此，终结旧政策有利于优化公共政策人员，促进公共政策向更高层次发展。二是公共政策组织优化。公共政策组织的优化是公共政策优化的核心内容。如果仅仅是人员的优化，还达不到公共政策优化的目的。因为公共政策人员只是公共政策组织的一部分，公共政策活动必须通过组织机构才能进行。优化的公共政策人员只有在优化的组织结构中才能制定和执行优化的公共政策。既然公共政策终结伴随着组织机构的裁撤、更新和发展，那么公共政策终结必然有助于公共政策组织的优化，人们不仅可以利用公共政策终结实现组织内部人员的优化组合，使不同素质特长的公共政策人员有机结合，形成最佳的总体效应；而且可以借此促进公共政策组织体系的优化，从而进一步针对公共政策所涉及的不同层次和领域，建立更为合理的公共政策机构。

5.2 公共政策终结的障碍与策略

与公共政策评估相比，公共政策终结主要不是一种分析研究的过程，而是一种行动的过程。但由于它同样涉及人员、机构和制度等一系列复杂因素，因此，公共政策终结具有相当大的难度，随时随处可以看到大量低效、无效甚至是完全没有必要的公共政策充斥于政府的政策活动中，许多应该终止的公共政策得不到及时终止，即使是一项具有明显失误的公共政策，要予以终止，也会碰到许多困难。如何促进公共政策终结，已经成为当今各国政府在公共政策实践中面临的一个重要问题。分析公共政策终结面临的障碍，进而探讨出促进公共政策终结的有效策略，势在必行。

5.2.1 公共政策终结的障碍

阻碍公共政策终结的因素涉及公共政策影响所及的方方面面。一项影响范围越广的公共政策，终结的障碍就越多。德龙把公共政策终结的障碍概括为六个方面：理智上的抵制、组织机构持久性、组织的动态保守性、反对势力的联合、法律上的障碍以及高昂的启动代价。有些学者则将公共政策终结的障碍概括为两大因素：一是组织方面的考虑；二是代价，包括情感、政治、法律或财政上的代价。因此，在此基础上，结合我国具体实践，我们将公共政策终结面临的障碍归纳为：

5.2.1.1 心理上的抵触

对政策终结存在抵触心理的主要有三种人：政策的受益者、政策的制定者、政策的执行者。政策制定者不愿意承认他们制定的政策不再有存在的必要，更不愿意承认在制定政策的过程中所犯的错误；政策执行者不愿意看到政策被终止；政策受益者不愿意既得利益受到损失。这三类人的抵触心理，往往成为政策终结的首要障碍。

一般而言，抵触心理来源于两个因素。一是利益因素。利益因素既可以是经济上的利益，也可以是权力、地位等政治上与社会上的利益。对不同的行为主体，公共政策终止可能造成不同的影响，从而他们对政策终结的反应也就不同。二是习惯与认知。习惯主要表现为对旧政策的认同感以及对旧政策终结以后带来的不安全感。人们对一个事物总会有着固定的思维模式或行为习惯，一旦事物发生改变，人们就会显得不安，甚至会对未来的不确定性产生恐惧。公共政策的终结必然会带来很多新情况，尤其是已经实行了很长时间的一些政策，人们已经对这些政策产生了习惯和依赖，这必然会引起人们对新政策的抵制。人的认识是一个不断深化过程，人们的认识是不可能一蹴而就的。人们总是要在接受一定信息的基础上，通过主观思维进行判断即认知，才有可能对此有较为全面的了解。这需要一个过程。对于一项公共政策的终止，在一些组织中，如果事先未能就有关该公共政策终结的原因、目的、措施等做出宣传和澄清，事后又不做妥当的处理，组织成员或社会其他成员对该公共政策的终结缺乏足够的了解，就会给终结带来较大的阻力。

5.2.1.2　机构的持续性

组织结构具有三个特性，这三个特性在某种程度上都成为政策终结的障碍。一是机构的惯性。当不同的机构相互配合并开始执行某项公共政策时，一种惯性就产生了。机构的惯性使得公共政策执行一旦开始就很难停止。如果要想修改其方向或是让其停下来，必须从外部施加很大的力量才能做到。这是因为机构的惯性使它本能地反对任何形式的变化。二是机构的生命力。机构如同人一样，生存的能力很强。公共政策终结危及组织机构的生存时，它会千方百计地减轻所面临的压力，或者改变策略，或者调整结构，想方设法地延缓公共政策终结的进程，给公共政策终结带来消极影响。三是机构的动态适应性。机构本身有一种动态的适应性，可以随环境和需要的变化而产生变动，甚至能针对公共政策终结的各种措施来调整自己的方向，使政策终结计划破灭。

5.2.1.3　行政机关的联盟

由于某项公共政策的执行而获得既得利益的一些行政机关，为了维护自身的既得利益，往往会在公共政策面临终结时结成联盟，共同反对公共政策终结。这些行政机关，一方面会要求其内部成员齐心协力共同抵制政策终结，另一方面会相互团结、拉拢和接近政府内外有影响的人士来抵制终结。这种行政机关一旦结成一个共同体，就能极为有效地延缓甚至阻止公共必然政策的终结，这是因为行政机关比其他社会组织具有进行政治活动的便利条件，可以利用自身有利的地位对公共政策终结施加影响。

5.2.1.4　利益集团的影响

利益集团就是利益相同的人为争取和保障自己的权益而结合起来形成的团体。由于公共政策大多涉及利益与价值的分配，因而各利益集团通过各种渠道努力影响公共政策。当一项公共政策将被终结时，反对公共政策终结的利益集团为了维护既得利益，必然会采取各种合法或非法的手段和途径来阻止公共政策终结。现代公共选择理论证明，利益集团的力量很大，他们总能左右公共政策，他们和政治家、政府官员相互利用，形成一个铁三角。利益集团的存在，成为公共政策终结的最大阻力之一。

5.2.1.5　法律上的障碍

任何公共政策方案的抉择和合法化，政策制定和执行的组织机构的建立，都要通过一定的法律程序来进行。同样，公共政策的终结也必须按照法定程序来办理。在依法行政呼声高涨的今天，这是一种好现象。然而就像硬币有两面，它也有消极影响。法定程序要求按步骤进行而不能随意更改或省略步骤，而且操作起来往往十分复杂，有时还会延误公共政策终结的时机。在一项公共政策终结的时机成熟时，由于法律程序的严重滞后往往会延误终结的最佳时机。特别是一些已经法律化了的公共政策，要使其终结更为困难。另外，如果要终结失误的政策，在进行终结时，就要将公共政策的失误通过立法机关予以曝光，但这有可能会使人们对立法活动本身的科学性、有效性产生怀疑。在这种情况下，立法机关在考虑终结某项政策时，往往会顾虑重重，难以决定。由此可见，法律上的障碍，也是影响公共政策终结的一个重要因素，许多公共政策的终结尤其是法律化政策的终结经常受阻于法律的滞后性。

5.2.1.6 公共舆论的压力

公共舆论确定了公共政策的基本范围和方向。在当代社会，随着信息技术和新闻传播的发展，公共舆论借助于新闻传播媒介可以渗入到社会的方方面面，形成广泛的社会影响和巨大的社会冲击力。因此，在西方国家，公共舆论被认为是与立法、司法、行政并立的第四种权力。如果某一项需要终结的公共政策受到公共舆论的支持，行政机关无疑会受到极强的阻力。

5.2.1.7 公共政策终结的成本与代价

公共政策终结的高昂代价也是其面临的阻碍之一。任何公共政策的制定和执行，都会有一定的资源投入，如果终结公共政策，则会使这些投入落空。公共政策终结的代价表现在现有公共政策的沉淀成本和终结行为本身要付出的代价。现行的公共政策或组织机构已经投入了巨额成本但没有得到回报，公共政策决策者面对投入的沉淀成本，往往处于进退两难的境地。一方面，公共政策已经被证明是无效的或失效的，继续追加投资只会造成更多的损失。另一方面，如不继续投入，已投入的巨额资金将会由于公共政策的终结而彻底落空。就一般情况而言，现行公共政策已经投入的成本越高，决策者越难下定终结公共政策的决心。同时，公共政策终结本身也需要付出高昂的代价，不仅要筹措公共政策终结所需要的各项费用，以制定和执行新的政策，组建新的机构，而且为了照顾各方面的利益与关系，有时还要对有关单位和个人进行补偿。在这些高昂代价的重压下，公共政策终结面临着巨大的阻力。

总的来说，政策终结的障碍可以归纳为两类：一类是不可避免的障碍，即逻辑上的障碍，包括人们害怕变革的心理、沉淀成本的存在、政策受益者的心理抵抗、机构的持久性、政策终结本身的成本和法律上的障碍等；另一类是政治上的障碍，即非逻辑上的障碍，包括政府决策者责任的缺失、利益集团的联合、舆论被操纵等。这种障碍事实上存在，但是可以通过提高行政人员素质和责任感，加强立法和监督的努力来减弱其阻力。

5.2.2 公共政策终结的助推力

一般来说，我们认为，政策终结的助推力主要来自政策本身的缺陷，已经过时的、多余的或者效果极差的政策本身就为政策终结提供了理由。但是，我们发现，仅仅拥有这个前提，还不足以发起一场政策终结，政策终结还需要一些外在的推动力。而且，这些推动力对于政策终结的发起非常重要，没有它们，一项多余的政策也可能被忽视多年而不终结。那么，接下来，我们将深入探讨几种常见的政策终结助推力机制。

5.2.2.1 政策终结的触发机制

现实中，过时的、多余的、无效的政策长期充斥于社会，引发大量的社会问题，这些问题虽然已经是日常生活中需要政府解决的困难，但是，政府未必会引起足够的重视，公共反应也是消极的。这时，社会上某个事件的发生改变了这种局面，这个事件扮演了政策问题的感知和政策终结的行动之间的连接点的角色，这个事件让社会足够多的人认识到当前政策的不足，甚至引发了公众以担心或者愤怒的形式关注，社会上便有了强烈的变革要求，政策决策者们就会对这些政策引起足够的重视，就会考虑是否要废除过时的、无效的政策，还是部分修改，或者制定一项全新的政策来取代旧的政策。于是，这个事件便成为了这项政策终结的触发机制。

政策终结的触发机制受到三个相互作用的因素的影响：范围、强度和触发时间。范围是指一个重要事件影响到的公众的数量，强度是指一个事件对公众刺激的程度。一个事件受到的关注越广泛，对公众的刺激越强烈，就越可能促进政策的终结。触发时间是指某事件发生时，政策终结的条件是否都已经成熟，如资金条件、执政理念等。只有当这三个因素共同作用于事件本身，才可能形成触发机制。即，当在一个恰当的时间内，如果一个事件引起公众的普遍关注和公众对变革的强烈要求，那么它就被认为是一种触发机制。政府决策者如果能敏锐地抓住这一触发事件带来的契机，政策终结就能一蹴而就。

5.2.2.2　政策评估的助推力

政策评估既是政策终结的依据和前提，同时也是政策终结的驱动力之一。科学的政策评估能够有效地检验公共政策在实际运作过程中出现的问题，评估结果可以作为决定政策是否继续、调整或重新制定的重要依据。当通过评估结果发现，有些公共政策所针对解决的矛盾已经化解或者因环境变化政策已经变得不合时宜，类似的评估结果就为政策的终结提供了强大的助推力。

作为政策终结助推力的政策评估，应该注意两个问题：一是政策评估既可以是政府行为，也可以由非政府的第三方组织做出。随着社会的进步发展，要更加注重发挥第三方评估机构的评估作用，促进政策评估主体的多元化，以保证政策评估的公正、客观。二是评估结果应该公开。经常出现的情况是，政策评估结果仅在政府内部使用，致使评估结果不能起到应用的反馈、沟通作用。实际上，评估结果的公开不仅是政府民主化、透明化的象征之一，而且可以有效提升公众对政策的客观认知。决策者在政策终结过程中如果能及时地公开政策评估结果，将有利于争取社会大众的支持，形成政策终结的助推力。

5.2.2.3　公共舆论的号召力

由于公共舆论的独立性及其在政治社会生活中的重要地位，在西方国家，它被认为是第四种权力。托马斯·戴伊认为公共舆论是新政策制定和旧政策终结的必要条件；詹姆斯·D. 安德森认为公共舆论确定了公共政策的基本范围和方向。公共舆论扮演着“双刃剑”的角色，它既可以阻碍公共政策的终结，也可以加快政策的终结。当公共舆论对政策终结持积极态度时，政策终结就显得比较容易；相反，当公共舆论对政策终结持消极态度时，就会阻碍公共政策的终结。

5.2.2.4　领导者的领导力

政治领导者的领导力是领导者知识、智慧、意志和决断力等内在素质的外在综合表现。政治领导者的人数虽然少，但他们的能量巨大，往往对于全社会甚至对于一个时代的世界格局发生重大影响。在公共政策方面，他们的影响也是举足轻重的，可以说直接影响，有时甚至决定政策的制定、执行、评估和终结全过程。政治领导者的领导力越强，意味着其对形势的判断能力、对新事物新情况的分析能力以及创新能力越强，因而也就越能促成过时的、无效的政策的终结。英明的政治领导者会倾听来自专家学者、普通民众等各方面的呼声，并且能够敏锐地察觉到过时无效的政策所带来的弊端和危害。因此，他们会向政策制定者施加强大压力，从而促使政策制定者不得不去真正评估那些有问题的政策，而且把那些过时无效的政策及时地予以终结，同时，也将那些过时无效的、不必要的组织机构予以撤销。领导者在政策终结上的作用是无人可替代的，而政治领导者的这种作用归根于其自身的领导力，因此，政治领导者的领导力是引致政策终结的一个重要推动力。

总的来说，政策终结的助推力远不止以上四个方面。不容置疑的是，政策终结必须要有效地利用外部动力，决策者需要在公开政策评估结果的基础上，选择恰当有利的时机，争取社会广泛的支持，并且要以超凡的魄力来完成政策终结。

5.2.3　公共政策终结的策略

公共政策终结面临着诸多困难和障碍，实际上，只要是公共政策所涉及的方方面面，都有可能成为公共政策终结的阻碍。因此，要终结一项公共政策，必须要采取一定的策略，使得公共政策的终结活动能够顺利进行。这也就要求决策者运用高度的智慧和技巧，采取灵活的策略，加以妥善处理。否则，不仅达不到政策终结的目的，还会适得其反，引起政治危机和矛盾。从我国公共政策终结的实际出发，结合国内外学者的观点，我们认为公共政策终结的策略有以下几种：

5.2.3.1　重视说理工作，消除抵触情绪

为确保公共政策终结的顺利进行，公共政策决策者首先应该做好说理工作，消除人们的抵触情绪，提高人们的思想认识。应该通过有效的说理工作，让公众明白：公共政策终结并不是某些机构或个人前途的丧失，而是改变劣境、寻求发展、迈向成功的新机会。及时终结那些有害的、无效的、过时的政策，既可以防止出现新的政策问题，也可以充分利用有限的政策资源，以获得更多的更好的政策绩效，从根本上说，是于国于民都有利的事情。只要人们能够认识到公共政策终结的积极意义，就能减少来自公共政策对象的阻力，促进公共政策终结顺利进行。但是，总的来说，由于对消除人们抵触情绪的说理工作重视不足，从以往公共政策终结的实践上看，公共政策终结者虽然不同程度地注意到要进行道理解释说服，但还远远不够。

5.2.3.2　公开评估结果，争取支持力量

决定公共政策终结成败的关键是公共政策终结支持者的态度以及人数的多少。公共政策终结的倡导者必须努力争取各种支持力量，以推动公共政策终结的实现。那么，如何争取支持者呢？适时地公开公共政策评估结果，是积极争取潜在支持者的最好方法。通过公共政策评估的结果，可以揭露某项公共政策的有害、过时、无效或低效，让人们了解继续执行该公共政策将会对社会造成的危害和损失，那就能够转变人们对公共政策终结的态度，从反对终结到理解或支持终结活动。公共政策终结者还可以利

用政策评估的结果，提出终结该政策的理论依据，指出因环境的变化和其他条件的变动，原有的公共政策已经不适应新环境的需要，从而引导公众更新观念，改变对旧政策终结的态度，以争取到更多的支持者。公开评估结果，争取公共政策终结的支持者是一项有效的办法，但公共政策评估本身存在的困难和影响公共政策有效评估的诸多因素的存在，使得人们往往对评估结果有所怀疑。因此，公共政策终结者在采用这种办法时，必须保证评估结果经得起实践的检验。

5.2.3.3　废旧立新并举，缓和终结压力

政策终结意味着打破原有的利益分配格局，总要一些人或团体的利益受损，他们便成为了政策终结的反对者。但如果我们能同时构建新的利益分配格局，出台一个新政策，就能够大大减少政策终结的阻力。因为新政策的出台不仅可以使人们在丧失对旧政策期望值的同时得到一个新希望，而且还可以使更多的人或团体受益，这些受益者能成为政策终结的推动力量。公共政策终结总是会使一部分人或团体的利益受到损害，因此，这些组织或个人一般都不愿意看到公共政策的终结。然而，人们很少会立刻反对一个新的、更好的公共政策的出台。所以，为了缓和公共政策终结的压力，可以采用新公共政策的出台与旧政策终结并举的办法，及时地采用新政策替代旧政策，使人们在丧失对旧政策的期望的同时得到一个新希望。这种做法往往可以大大减少关于公共政策终结的争议和阻力，削弱反对者的力量。不过，采用这种办法对于具体操作部门的要求较高，因为终结旧政策和落实新政策两方面的工作同时进行，工作量很大，安排不当就会顾此失彼，既浪费大量的人力、物力、财力，又会影响新政策的执行和旧政策的终结进程。

5.2.3.4　有选择地传播试探性信息，减轻公共舆论给公共政策终结造成的阻力

所谓传播试探性信息，就是政府在正式宣布终结某项公共政策之前，在一些非正式场合，流露出进行终结的信息，以测定公共舆论对这一行动所持的态度。对于在政策终结之前，是否要传播试探性信息，还有着不同的看法，因为试探具有双重效果。从正面看，试探性信息有助于引起公众的广泛讨论，从而认清公共政策终结的必要性，减轻公共舆论带来的压力。从反面看，由于这种试探性的方法所透露的信息往往不够全面，通过的又是非官方渠道传播，容易造成失真，从而使人们误解公共政策终结者的意图，对终结做出错误的反应，同时，还可能为反对力量的结盟提供时间。因此，公共政策决策者必须根据公共政策终结的不同内容，有选择地在不同场合运用这一方法。否则，会造成相反的结果。

5.3　公共政策周期

公共政策本身是一个运动过程，一方面，从某项特定的政策来看，总会经历一个从制定、执行、评估到终结的过程；另一方面，从整个公共政策系统来看，旧的公共政策逐渐终结，新的公共政策不断产生，形成公共政策循环往复、生生不息的周期现

象。公共政策周期的研究，将有助于防止公共政策僵化，促进新的、充满活力的公共政策的产生。

5.3.1 公共政策周期的内涵

周期是指事物在运动、变化的过程中，某些特征多次重复出现，其连续两次出现所经过的时间。公共政策作为一个连续不断的运动发展过程，当然也有周期。公共政策的周期指的是政策的主体与客体以及作为它们之间互动结果的政策过程所经历的一个循环。政策周期能够揭示政策发展的一般规律，了解政策周期能便于我们总结政策执行经验，更好地把握政策发展的趋势。

公共政策周期由于涉及的范围不同，可以分为两种类型。

一种是单项政策的执行周期。它指的是每一项政策都要经历从政策制定到政策终结的全过程，从政策制定开始，经过执行阶段、评估阶段，到政策终结，就走完了一个周期。旧政策的贯彻，解决或改变了旧问题，却又会产生新的问题。同一个社会生活领域中的旧问题与新问题并不是毫无关联的，新问题是从旧问题中延伸出来的，因此，解决新问题的新政策与旧政策就存在联系。新旧公共政策在形式上的连续性表现为，旧政策的终结也就是新政策的开端。从旧政策过程的某个具体阶段到新政策的对应阶段，就构成了政策的周期循环。这种政策周期循环的链条有许多种：从旧政策的制定阶段到新政策的制定阶段，从旧政策的执行阶段到新政策的执行阶段，从旧政策的评估阶段到新政策的评估阶段。

另一种是阶段性政策周期。它指的是伴随着经济发展周期或者伴随着执政理念转换而出现的可以明显划分出阶段的政策周期。公共政策通常和经济发展以及国家政治的变化相联系，这是由于经济的发展通常带有周期性特征，国家的执政理念也可能随着政党的轮换或社会的发展而产生变化，当这两者中的一项发生变化时，整个政策如社会政策、文教卫政策、科技政策等也会发生变化。

5.3.2 公共政策周期的内容

在这里，公共政策周期的内容划分主要是针对单项政策周期的过程进行划分。国内外学者对此也是众说纷纭。结合我国公共政策的具体实践，我们认为，一个完整的政策周期应该包括：制定、执行、评估、监测、终结这五个阶段。政策制定是核心，包括了问题的认定和政策的发展；政策执行是关键，包括了资源的整合和人力的有效运用，政策评估是对政策方案合理性的最权威检验；政策监控能够及时发现并纠正政策偏差，是政策过程必不可少的环节，贯穿于政策过程的始终；政策终结则意味着一个旧周期的结束和一个新周期的开始。

不同政策周期的时间长度不一样。这种决定时间长度的因素很复杂，但主要和政策目标的大小远近、环境变化以及实施的难易有关。一般来说，政策的目标越大越长远，环境情况变化越复杂，实施难度越大，政策的周期越长；反之，则越短。政策周期的长短还与具体政策的情况有关，一项错误的政策，人们自然希望它的周期短一些，尽快结束；一项实践检验为正确的政策，人们可能也希望它的周期短一些，尽快用法律的形式固定下来，以便具有较强的稳定性，如我国的改革开放政策。

5.3.3 公共政策周期的意义

公共政策周期理论揭示了政策发展的一般规律，有利于指导政策过程，保持政策系统科学性与客观性。

首先，政策周期理论有利于提高政策制定的科学性。通过政策周期阶段化的研究，可以优化政策制定系统，促进政策决策的科学化，减少政策制定的失误，确保政策发挥应有的作用。它有助于我们通过对以往政策周期的研究，吸取经验教训，克服政策制定上的缺陷，确立政策制定的科学化和程序化，促进中国特色的政策制定体系的建立。

其次，政策周期理论研究能巩固和发展现行政策，保持政策的连续性和稳定性。一方面，通过对政策周期的研究，政策制定者可以了解政策是否实现了预期的目标，政策执行是否出现了偏差，以及随着条件的变化，是否需要进行追踪政策等。另一方面，政策制定者可以依据对政策周期进行研究所得出的结论，做出是坚持原政策、修改原政策，还是终结原政策、制定新政策的决定。另外，通过对政策周期研究，政策制定者可以根据原政策成功或失败的经验教训，使建立在原政策基础上的新政策在新一轮政策周期中扬长避短，提高政策的效率。政策的连续性和稳定性是由政策本身的严肃性决定的，是经济发展、社会进步的要求。像我国政策领域中出现的诸如各项政策之间缺乏连贯和衔接等问题，通过对政策周期的研究和分析，都是可以避免的。

最后，公共政策周期理论研究有助于推动改革开放，促进市场经济和社会经济发展。当前，我国正处于经济体制、政治体制的全面改革中，改革给我们带来了生机和希望，改革也带来了新问题和新挑战。通过对各项政策周期及其互动关系的研究，制定出一整套相互匹配的改革方案，以在新体制内部形成相互制衡的机制，可以推动改革开放事业向前发展。同时，市场的发育和完善，离不开科学的、合理的政策的推进。随着社会主义市场经济的逐步发展和改革的深入，哪些政策要淘汰，哪些政策要完善，哪些政策要制定，这些都离不开对政策周期的研究。如果理论研究跟不上，不能及时地回答政策领域中突出的新问题，经济发展就不能顺利进行。

参考文献

[1] 吴立明. 公共政策分析［M］. 厦门：厦门大学出版社，2006.

[2] 谢明. 公共政策分析［M］. 北京：首都经济贸易大学出版社，2010.

[3] 张国庆. 公共政策分析［M］. 上海：复旦大学出版社，2004.

[4] 谢明. 公共政策分析［M］. 2 版. 北京：首都经济贸易大学出版社，2015.

[5] 荆玲玲. 公共政策分析：理论与案例［M］. 哈尔滨：哈尔滨工程大学出版社，2014.

[6] 张金马. 公共政策分析：概念、过程、方法［M］. 北京：人民出版社，2004.

[7] 陈振明. 公共政策分析导论［M］. 北京：中国人民大学出版社，2015.

[8] 陈庆云. 公共政策分析［M］. 北京：北京大学出版社，2011.

[9] 陈刚. 公共政策学［M］. 武汉：武汉大学出版社，2011.

[10] 宁骚. 公共政策学［M］. 北京：高等教育出版社，2003.

[11] 谢明. 公共政策导论［M］. 北京：中国人民大学出版社，2015.

[12]（美）小约瑟夫·斯图尔特，（美）戴维·M. 赫奇，（美）詹姆斯·P. 莱斯特. 公共政策导论［M］. 3 版. 韩红，译. 北京：中国人民大学出版社，2011.

[13]（美）邓恩. 公共政策分析导论［M］. 4 版. 谢明，等，译. 北京：中国人民大学出版社，2011.

[14] 陈世香. 公共政策案例分析［M］. 武汉：武汉大学出版社，2011.

[15] 黄顺康. 公共政策学［M］. 北京：北京大学出版社，2013.